中公文庫

隋の煬帝

宮崎市定

中央公論新社

目次

隋の煬帝

はしがき 9
一 南北朝という時代 11
二 武川鎮軍閥の発展 23
三 隋の文帝の登場 37
四 文帝の家庭 56
五 江南の平定 68
六 奪嫡の陰謀 80

七　煬帝の即位　98
八　大運河と長城　113
九　日出づる国　128
十　高句麗戦争　143
十一　楊玄感の反乱　157
十二　揚州へ逃げた煬帝　177
十三　煬帝の最期　196
十四　新しいいぶき　217
後記　229

*

隋代史雑考
一　隋国号考　235

二　隋文帝被弑説　241
三　大業十四年　253
四　隋恭帝兄弟考　256
解説　礪波護　263

隋《ずい》の煬帝《ようだい》

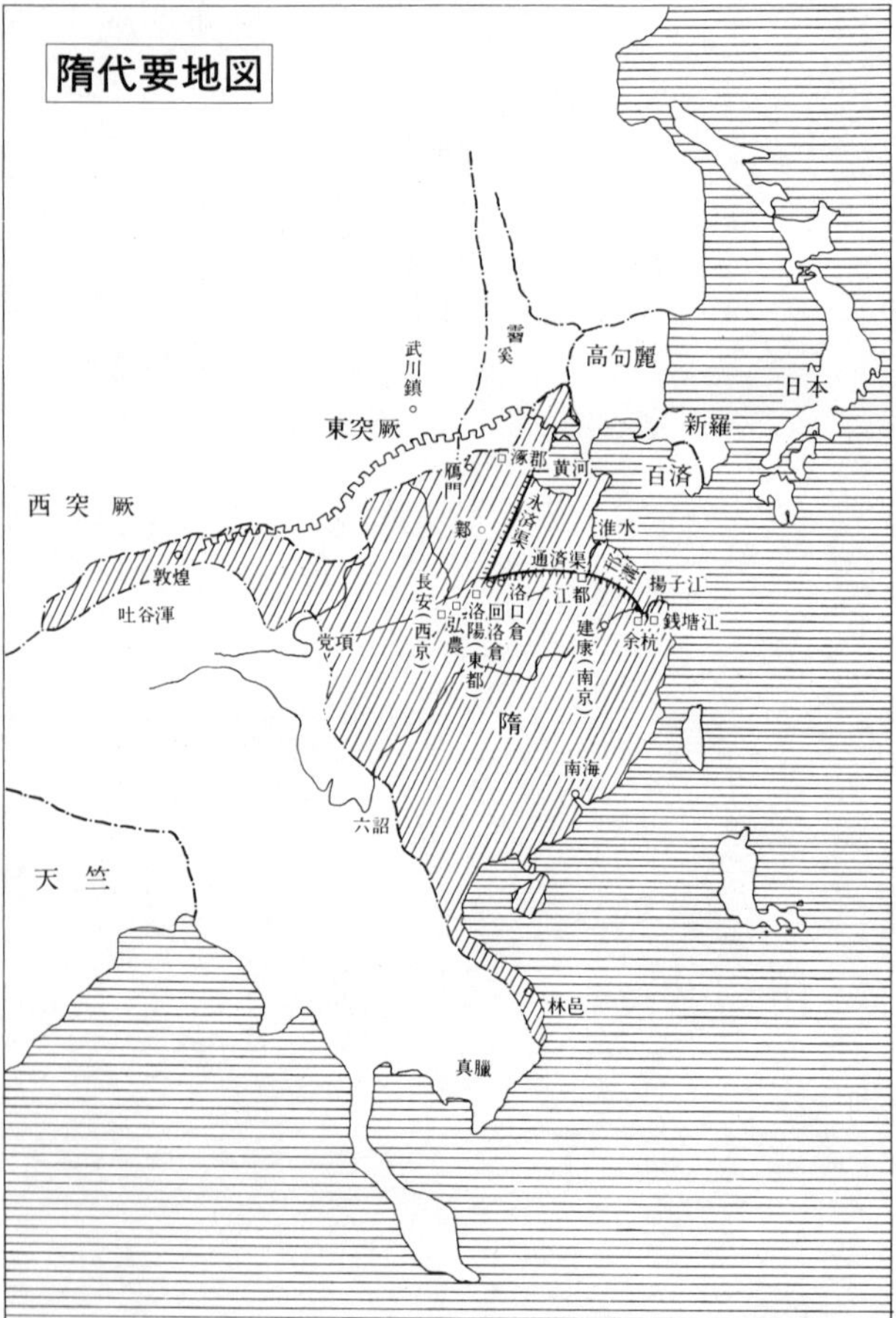
隋代要地図
武川鎮
霫
奚
高句麗
日本
東突厥
新羅
百済
涿郡
黄河
雁門
西突厥
永済渠
鄴
淮水
通済渠
邗溝
揚子江
敦煌
洛口倉
江都
長安(西京)
弘農
洛陽(東都)
回洛倉
銭塘江
吐谷渾
建康(南京)
余杭
党項
隋
南海
六詔
天竺
林邑
真臘

はしがき

隋《ずい》という時代は東洋の歴史の上で、まことに重大な意義をもった時代であった。早い話が、日本と中国とのあいだで、ほんとうに駆け引きを伴った外交関係を持つに至ったのは、ほかならぬ推古《すいこ》天皇と隋の煬帝《ようだい》とのあいだから始まったことは、周知のとおりである。

著者はこの重大な時代を、隋の煬帝という個人を通して観察しようとした。個人といっても煬帝は帝王であるから、いわば特殊な人間である。しかし帝王であるだけに、その関係は直接間接に、あらゆる方面に及んでいる。だから考えようによっては、煬帝ひとりをつかまえれば、当時のあらゆる事象が判明すると言って言えぬことはない。じつは、わたしはそういう意気ごみで本書と取り組んだのであるが、さてでき上がったのを見ると、あまり大きなことはいえなくなってしまった。ただし、わたしはいつも、歴史学徒の本領として、たんに史料の表面を撫でるだけでなく、せめて一皮むいたところで観察したいと考えているので、本書においても、その心掛けで当った。これまで誰も言わなかった点に、多少は触れてみたつもりである。

昭和四十年十月　渡欧を前にして

宮崎市定

一　南北朝という時代

隋《ずい》の煬帝《ようだい》といえば、誰しもすぐ連想することは、中国史上に稀にみる淫乱暴虐《いんらんぼうぎゃく》な君主で、大昔の殷《いん》の紂王《ちゅうおう》を再生させたような天子だというイメージであろう。それはある程度まで事実であるが、ただ注意しなければならぬのは、彼は何も根っからの大悪人ではなかったということである。彼はきわめて平凡な、同時にいろいろな弱点をそなえた人間であった。そして彼をとりまく当時の環境は、社会自身に何らの理想がなく、みんなの人がてんでに争って権力を崇拝し、権力を追求し、そして権力を乱用する世の中であった。そういう環境におかれると、凡庸な君主ほど、大きな過失を犯しやすいのである。だから淫乱暴虐な天子は、その当時、他にも数えきれぬほど多く出たのであって、いわばそれが時代の風潮であった。煬帝はその中の一人にすぎなかったのである。実に恐ろしい世の中もあったものである。

隋《ずい》という王朝は、中国の歴史上において、最も大きな混乱の時代である南北朝（四二〇―五八九年）の末に現われて、南北の分裂を久しぶりに統一した王朝である。もっとも南北朝といっても、たんに中国が南と北、すなわち揚子江《ようすこう》流域と、黄河《こうが》流域とに分かれただけでなく、南北朝も末期になると、さらに分裂が深まって、黄河流域がまた上流地方の関中と、下流地方の山東とに分裂した。そこで中国本部におよそ三つの独立政権が鼎立《ていりつ》して、百年近くも互いに覇《は》を争って戦争しあったのである。この戦争のために、物質的な困窮に加えて、民間の人気はいっそう荒くなり、その中からのし上がって帝位についた君主は、非行少年そこのけの暴力天子となるのである。南北朝という時代の特徴は、まず暴力天子の多い点があげられる。そして彼らは後の隋の煬帝に対して、ありがたくない実物の手本を示したわけである。

南朝は大体、揚子江流域の平野以南を領有した政権で、宋《そう》・斉《せい》・梁《りよう》・陳《ちん》の四王朝が次々に支配した。この四王朝の中で、初めの二王朝、宋と斉とにとくに暴力君主が現われた。

宋王朝は三代目の少帝《しようてい》から非行が始まった。彼は非行天子としては才能のある方であり、馬術や弓術に堪能で、音楽も好きで上手だったという。ところが十八歳で即位し、血気盛んで精力がありあまっての結果か、父の先帝が死んでも悲しそうな顔一つせず、宮中へ仲間を呼び集めてドンチャン騒ぎを演じ、気に入らない臣下を自分から鞭をとって殴打する。そこで朝廷の大臣などが心配し、みんなで集まって相談し、母の皇太后に陳情して廃立を行なった。大臣などが宮中へ踏みこんで見ると、天子は夜があけたのに、前日の運動の疲れでぐっすり寝こんでいる。前日の運動というのは、宮中の御苑で模擬店を開いて商売ごっこをして遊んだあと、今度は曳き船ごっこをして、大きな船をみんなで担いで池から池へ移し、疲れた揚句に、その船の中で眠りこけていたのだった。

それから二代後の天子、廃帝といわれる人がまた、箸にも棒にもかかわらぬ非行少年だが、十六歳で即位した。父の孝武帝は

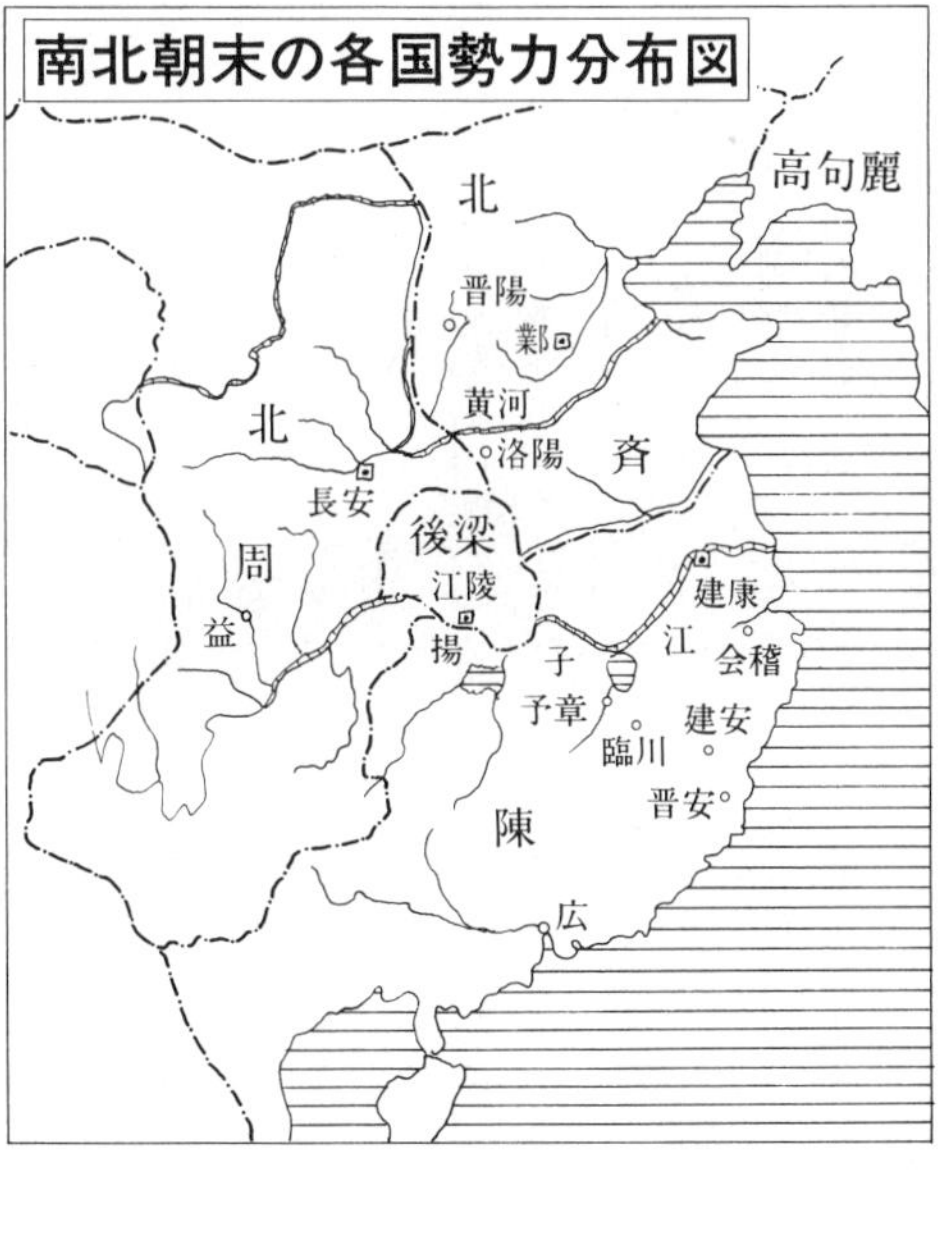

さすがに子の悪業に気がついて、平常からきびしく訓戒を加えていたので父が死んだといって大喜び、いったんはおとなしく葬式を出したものの、さて思いかえしてみると親父が頑固なために、これまでどれほどひどい目にあったか、いまいましくてならぬので、父の墓を掘って腹いせをしようとしたが、臣下から、それではかえって御身のためになりませぬ、と諫《いさ》められて思いとどまった。墓掘りは思いとどまったが、まだ腹がおさまらぬので、墓に糞尿をふりかけた。今度はそういう父の兄弟、つまり自分の叔父どもが目障りになって仕方がない。三人の叔父を集めて動物の檻の中にいれ、四つんばいにならせて飯をくわした。遊戯の中で、ストリップ遊びが一番好きだった。宮女だけでは足りないで、親戚や臣下の妻女まで呼び集めて、宮中でストリップ大会を開く。もうそうなると、人の妻も親類の娘も見さかいがなくなる。これには叔父たちも堪りかねて、同志を語らい、夜に乗じて武器を帯して宮中に乱入した。するとちょうどその時、この少年天子は後宮の女子数百人を集めて鬼やらいの最中であった。ところが、思いがけない鬼の襲撃にあい、度を失って逃げ出したが、追いつかれて殺されてしまった。

三人の叔父のうちの一人、太っていたので廃帝から豚王とあだ名をつけられていた人が代って帝位につき、明帝と称せられ、その一代は無事であったが、その子の代になるとまたいけない。五、六歳の時から木登りが上手だったというから、運動神経だけは人並み以上に発達していたのであろう。十歳で即位したが、年とともにだんだん非行化してきた。同類の非行少年を従えて夜宮中を抜け出すが、出会うものは、男であれ、女であれ、馬であれ、犬であれ、何でもすべて斬り殺す。初めは夜だけであったが、だんだん昼間も繰り出すようになった。そのうちに強盗がしてみたくなり、一番の宝物持ちと聞えた民家に押し入った。その家の主人は天子が真先に立って白刃を揮《ふる》って躍りこんできたのを見て、さすがに抵抗もしかねたが、拳骨で天子の耳をなぐり、「桀紂《けっちゅう》にも過ぎた悪天子め」と罵りながら殺された。

将軍の蕭道成《しょうどうせい》は自分が理由なく天子に殺されそうになったので、先んじて事をあげ、同志とともに宮中に乱入し、酔っぱらって眠りこけている十五歳の非行天子を殺した。この蕭道成がその二年後に、宋を滅ぼしてみずから天子の位につくが、これが斉王朝の初代、高帝である。

斉は高帝とその子、武帝の二代はよかったがその次からまた悪くなる。武帝の皇太子は真面目な人でよく父の政治を輔佐《ほさ》したが、その子、皇太孫の昭業《しょうぎょう》というのが、性質のよくない少年である。早く天子になって自分の思うままな悪戯《いたずら》がしたくてたまらない。同類の非行少年を呼び集めて、蔭の内閣を組織し、自分が天子になったらそれぞれの爵位を与えると約束したが、祖父の天子も父の皇太子もなかなか死にそうもない。そこで楊氏という女の巫《みこ》をよんできて早く死ぬようにと呪いをさせた。その効験《こうけん》があったせいか、父の皇太子が病気にかかって死んだ。この上はもう一息だと、ひたすら祖父の死を祈らせたところ、これも病気が急に重くなった。ところが祖父の方では、そのような陰謀とはいっこうに気がつかず、いちずに孝行な模範少年だと信じこんでいたので、臨終の枕許に呼びよせて、

「お前が天子になったなら、最初の五年間は何でも大臣のいうことに従うがよい。しかし五年たったあとは、決して大臣らの言うことを聞いてはならぬぞ。」

と、とんでもない遺言をして死んだものである。そこで祖父が死ぬと大喜びで、毎日音楽を奏して遊びほうけた。曽祖父の代から倹約して貯えた銭が八億万もあったが、天子になるまで一文たりとも自由にさせてもらえなかったのが、今や自分の思うままになったので、手当り次第、使い放題。一年たつかたたぬに半分以上使いこんでしまった。鷹狩りや、闘鶏や、ドッグ・レースが好きで、自分で金を惜しまずに鶏や犬を買い、大競技会を開いて賞品を出すのだから、いくら銭があっても足りないわけだ。品行の悪い点はいうに及ばず、そこで反乱が起こって敵兵が宮中に攻めこんだが、折も折、あたかもストリップの実演中であった。この天子は五年どころか、在位一年に満たないで殺されてしまった。

この時の反乱の指導者は王族の一人、蕭鸞《しょうらん》であり、やがて帝位に即《つ》いて明帝と称せられるが、その子の宝巻がこれまた道楽者で、夜になると鼠をおいかけて捕まえるのが一番の楽しみであった。それでも父の明帝の目には一人前のたのもしい若者と見えたらしい。死ぬ前に遺言して、

「先んずれば人を制するということを忘れるな。」

と教訓したものだ。そこで新天子は片端《かたはし》から朝廷の大臣を殺しにかかった。夕方になると起きて遊戯にふけり、朝になって眠るから、朝廷の大臣は朝、出仕しても晩になるまで待たされる。やっと大臣と面会しても、書類を受け取っただけで、すぐ遊びに出かける。宮中から抜け出して市街へデモに出る時には、あらかじめ太鼓をうたせ布令《ふれ》てまわる。通行人はそれを聞くと急いで待避しなければならぬ。うっかりこのデモ隊に見つかると、片端から斬り殺される。

自分の兄を殺された大臣の蕭衍《しょうえん》が、たまらなくなって兵を挙げて謀反《むほん》し、この非行天子を攻め滅ぼした。これが梁王朝の開祖の武帝である。

梁の武帝は南北朝としては珍しく、四十八年間在位という新記録をつくり、しかも梁王朝は武帝一代で事実上滅びてしまったので、非行天子の出る余地がなかった。そのあとを受けた陳王朝では、最後の天子、後主といわれる人が放蕩者であったが、これは後

述するところに譲る。

南朝で宋・斉二王朝が続いたあいだ、華北の黄河流域一帯を領有した北朝では、北魏王朝が支配していた。この王朝はモンゴル地方の遊牧民、鮮卑《せんぴ》族が万里長城を越えて侵入し、中国人民を征服して立てた国家であるから、その君主は代々はなはだ気が荒い。ずいぶん乱暴な天子が出たのであるが、その詳細なことは伝わっていない。これは太武帝（四二四―四五二年）の時に筆禍事件が起こり、北魏王朝の内幕を記録した中国人出身の大臣が殺され、それに連累《れんるい》して一族はもちろん、知人朋友までが虐殺された惨事がもち上がったので、以後、中国人が後難を恐れてほんとうのことを書こうとしなかったためである。それにもかかわらず、この王朝の周辺にはいつも殺伐な妖気《ようき》がただよっていたことが知られる。

北魏の実質的な創立者は道武帝であるが、強壮剤を飲みすぎて神経衰弱にかかり、皇太子の非行青年と仲たがいして殺された。次の次の太武帝もまた皇太子と喧嘩し、自分が殺されぬうちにと、早まりすぎて皇太子を殺したが、あとで後悔し、讒言《ざんげん》をした宦官《かんがん》を殺そうとしてかえって殺された。その曽孫の献文帝は母親の太后に殺され、そのまた曽孫の孝明帝というのがやはり母に殺されている。

この天子のあと、北魏は事実上滅亡し、同時に華北は西と東に分裂した。東方の東魏とよばれる山東政権は高氏が実権を握り、やがて北斉王朝を樹立するが、この王朝がまた荒淫な天子を輩出させた恐るべき家系であった。北斉王朝の事実上の創立者である高《こう》歓《かん》、その子高澄《こうちょう》の二代、行きすぎた漁色ですでに非難が多かった。もっともこの王朝は中国人の名家である渤海《ぼっかい》の高氏という家柄を名乗るものの、その実はモンゴル系の鮮卑族の出であったので、他民族を征服すればその婦女子をわがものにし、父が死ねばその後妻や妾をすべて相続するというモンゴル族の風習を実行したのであって、礼儀のやかましい中国人の目から見ると、まことに浅ましい禽獣《きんじゅう》のような行為に思えたのであろう。

高澄の弟の高洋《こうよう》がはじめて公然と帝位につき、北斉王朝の初代、文宣《ぶんせん》帝と称せられるが、このころから天子の女道楽がいっそうひどくなってきた。遠い親戚の妻を奪うだけでなく、同姓の一族の女子を奪って後宮に入れ、あるいは左右の近臣に与えて乱交させたりした。

文宣帝は前に兄の高澄にその妻を奪われた仕返しだといって、高澄の妻を犯したが、今度はその弟の高湛《こうたん》が代って即位して武成帝となると文宣帝の李《り》皇后に迫って妊娠させた。李后は長子の紹徳《しょうとく》に対して恥ずかしく思い、生みおとした女児を闇から闇に葬ってしまった。すると武成帝が怒って、女児を殺すなら、その兄も殺してしまえと、紹徳を殺した上、李后を裸にして鞭うった後、寺に送りこんで尼とした。何ともいいようのない奇怪な兄弟関係であった。

中国の長い歴史を見渡して、この南北朝という時代ほど、暗愚淫蕩《いんとう》な天子が数多く現われた時代はない。わたしがいままで述べたことは、よほど控え目に、手心を加えて紹介したのであって、実際の乱行はもっともっとひどいものであった。それならいったい、どうしてこんな醜怪な時代が現出したのであろうか。

いまその原因を考えると、第一に南北朝という時代は、一般人民の地位が低下して何らの発言権がなく、このような地位に人民を圧迫しておくために、常時、永久的に戒厳《かいげん》令《れい》が布《し》かれていた時代であったためである。もっともこのような状態は、南北朝時代に入ってから突如として現われたのでなく、後漢の末、三国時代からすでに始まっていたのであり、それが日増しにはなはだしくなって、南北朝に入って、いよいよきびしさを増したのである。

ところで一般的に戒厳令が布かれたといっても、そこにはつねに有力者の一団が除外例となって特権が認められる。それは高級官僚である。そしてこの特権は、戒厳令がきびしければきびしいほど有効で貴重なものになる。普通の平民は容赦なく軍役《ぐんえき》に駆りたてられたり、あるいは重い軍事付加税を徴収されたりする時に、彼らだけはその特権をふりかざして、過酷な税役を免除されるのである。そこでこのような特権階級は自然に貴族たる地位を占め、学問や文化を独占して、まったく一般平民とはかけはなれた存在になってきた。南北朝こそは中国の貴族制度のいわば黄金時代であったのである。

ただし貴族はみずから兵権を握っていない点に、その権力の限界があった。もしも彼らがみずから軍人であり軍隊を掌握していたなら、南北朝は当然ヨーロッパや日本の中世のような封建制度の時代が出現するはずであったのだ。ところが当時の中国では、軍隊はひとまとめにして天子の手中に握られていたから、天子に対立するような封建諸侯の存在が許されなかったのである。

このように軍隊を握っている天子こそ戒厳令の本家本もと、その実行の全責任者なのである。戒厳令下であるから、国家の政務はきわめて少数の天子の側近によって、秘密裡に決定される。表向きの民政関係事項には貴族出身の朝廷の大臣が参与するからまだよいが、天子個人の行動はまったく天子の自由に任される。軍事費を何に利用しようと、はたからそれに掣肘《せいちゅう》を加える何ものも存しない。性質のよくない、ティーン・エイジャーの天子がそんな絶対権力の地位におかれたら、非行、愚行に陥らない方が不思議かもしれない。

ところが、江南地方の南朝政権、華北の東部を占める山東政権に対抗していた華北西部の西魏、北周とよばれる関中政権では少し事情が違っていた。ここには長いあいだ、ついぞ他地方で見られたような非行天子が出なかった。かえって割合に健康な政治が行なわれていたのである。これはそもそもいかなる原因によるものであろうか。

二　武川鎮軍閥の発展

南北朝の後半期に、華北の西半分を占領していた関中政権の性質を知るには、北魏時代の武川鎮《ぶせんちん》軍閥の形成にまで遡《さかのぼ》らなければならない。

北魏はもともと、モンゴル地方の遊牧民、鮮卑族が華北に侵入して、中国人を征服して支配した王朝であるが、華北へ入りこんでしまうと、今度は新たにモンゴル地方を占領した遊牧民族と対抗せねばならなくなった。そこで万里の長城の線に沿って、前線基地を設け、そこに遊牧民や中国人を駐屯させて国防に当らせ、これを鎮と称した。この鎮のうち、最も重要なものに六鎮（禦夷鎮、柔玄鎮、懐荒鎮、撫冥鎮、懐朔鎮、武川鎮）が数えられたが、武川鎮はその一つである。

武川鎮は近代の武川県であり、黄河の大彎曲部の東北のかた、陰山山脈の北麓に位する。その北には見渡すかぎり、ゴビ大砂漠に続く草原が展開し、夏は熱風に吹きまくられた砂塵がとび、冬は寒風に雪霰が舞う。こういう酷烈な気候にさらされて、そこには貧弱な堡塁が建てられているだけ、堡塁の背後にはあばらやが群をなして建ち並び、駐《ちゅう》屯兵《とんぺい》はその家族といっしょに、この中に住んでいる。

彼らは夏は馬や羊の群を草原に放牧して養うが、それが唯一の生業である。幸いに春夏のあいだには敵襲がほとんどない。それは相手も遊牧に従事して余念がないからである。ところが秋になって、いままで茂っていた夏草が枯れて見はらしがよく利くころになると、北方のモンゴル砂漠のかなたから、敵の騎兵が集団をなして掠奪《りゃくだつ》にやってくる。こちらでもそれに対応するため、壮丁は順番に馬に乗って、はるか遠方まで巡回に出て偵察に当らなければならない。春夏は労働、秋冬は防衛、一時《いっとき》も身を休める暇がない。

このような困苦のもとに、駐屯軍の将兵のあいだには、相互扶助の必要もあり、共通の利害を守るための必要もあって、堅固な団結が生ずる。さらにそれが互いに婚姻を通ずることによって、利害を越えた強固な家族的な結合が生ずるようになる。

北魏の中央政府がしだいに堕落し、綱紀が弛廃して内乱さえ起こったとき、これまで対外的な防禦力であった六鎮の武力が、逆に対内的に用いられることになったのは自然の勢いである。武川鎮の将兵はこのような機運に乗じて、かつては西漢の国都であった長安を目ざして進撃し、ここに関中政権を樹立したのであった。この武川鎮の軍人集団の指導者がすなわち宇文泰《うぶんたい》であった。宇文という聞きなれない姓が示すように、彼の一族は、モンゴル系鮮卑族の出身であるが、その集団の中には多くの中国人をも含んでいた。両者は長いあいだの雑婚によって、ほとんど区別のつきかねる新しい人種を形成していた。言語はおおむね中国語を用いていたらしいが、鮮卑族は鮮卑族、中国人は中国人の家系を名乗って、互いにプライドを維持していた。その風習も鮮卑と中国との混淆であるが、家庭内において婦人の発言権が大きいこと、父が没すれば、子供は父の妻妾を分配して、自分の所有にするなどの風習が一部に残っているのは、モンゴル族から受けついだものであった。

宇文泰ははじめ大義名分を立てるために、北魏

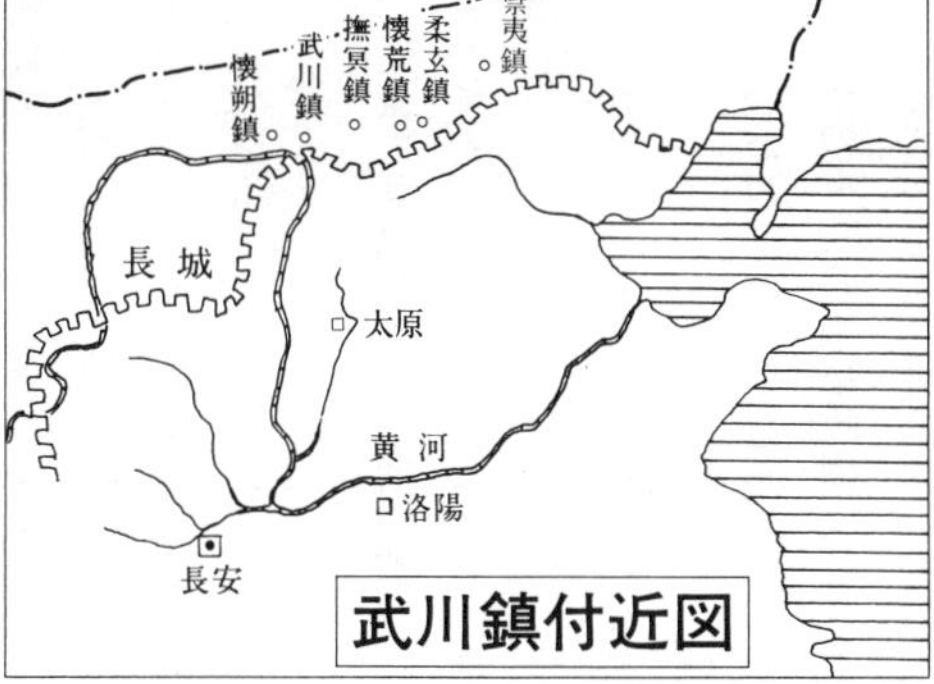

武川鎮付近図

王朝の一族を立てて天子とし、自分はその大臣として輔佐する名目のもとに実権を握っていた。ところで彼の占領した関中の土地は、面積が狭く人口も少なく、その上に生産力が低いので、その実力はとうてい東隣の山東政権に及ばない。とくに山東政権の実力者、高歓は音に聞えた豪傑であるから、宇文泰の関中政権はともすれば相手に圧倒されそうであった。

そういうさいに宇文泰が頼りにするのは、長いあいだ苦楽を共にしてきた武川鎮軍閥の朋輩《ほうばい》間の同志的結合である。どんなに戦況が不利であっても、どんなに逆境に立たされても、彼らは一致団結して宇文泰を後援するのである。この団結の強さによって、宇文泰ははるかに国力においてまさる高歓と戦って一歩も退かず、いつも勝負を互角に持ちこんで、関中政権を維持できたのであった。

宇文泰の子の宇文覚《うぶんかく》の時に、まったく名目的にすぎなかった西魏の天子を廃して、みずから天子の位につき、北周王朝を樹立した（五五七年）。その東隣の山東政権はこれより先、高歓の子の高洋が、やはり自家の擁立した東魏の天子を廃して、北斉王朝を立てていた（五五〇年）。いわゆる西魏と東魏の対立は、この時から北周と北斉との対立の時代に入るのである。

北周王朝が成立しても、武川鎮軍閥の団結はいささかも変るところがなかった。いな、むしろ北周王朝の出現こそは武川鎮軍閥将領たちの等しく希望するところであった。なぜならば、宇文氏の帝位のもとに、彼らは開国の功臣、その子孫として、特権貴族たる地位を安固に保障されることになるからである。

とはいっても、東隣の北斉からこうむる圧力は依然として危険きわまりないものであった。このような状態のもとでは、非行天子などの現われる余裕がない。そんなものが現われたら、たちまちにして滅亡の危機に陥ることは、誰の目にも明瞭すぎるほどわかっている。天子がもしそのような不肖《ふしょう》の子に位を譲ろうとすればその親戚、外戚、将軍たちがだまってはいないのである。

北周と同時の山東政権の北斉および江南政権の南朝においては、ほとんど政治の目標というものがない。ところが北周においては、はなはだつまらないものには違いないが、とにもかくにも、武川鎮軍閥の自己保存という、非常に実際的な政治目標があった。

派閥というものは元来はあってはならぬものだが、実際にはこれが大きな働きをする。徳川幕府は、その核心は三河武士の集団であり、明治維新政府はそのじつ、薩長藩閥の実力の上に立っていた。数々の悪事も行なったが、まだ社会生活におけるルールが確立されていないときに、派閥は一種の必要悪として発生するものだ。それが長く続くと公正なルールの成立を妨害して困るものになるが、全然何もないよりはましなときもある。

北周の場合がそれであって、中国中世の社会は、古代的な社会生活のルールが没落したあと、戒厳令によって辛《かろ》うじて社会治安を維持するのが関の山であり、まだ新しいルールがどこにも成立していなかった。そこに最高権力を偶然握った少年天子が非行化する原因があったわけだが、北周においては軍閥的団結が強く、いわば一党専制の政治を行なったため、非行天子が出現しなかったのである。世の中は、何が幸いになるかわからぬものである。この軍閥的団結は、北周一代で消滅せず、隋を経て後の唐王朝の成立にもつながっているのである。

北周初代の天子宇文覚はすなわち孝閔帝《こうびんてい》であり、次に弟の明帝がつぎ、さらにその後を弟の武帝がついだ。その間に多少内訌も起こらないではなかったが、これを東隣の北斉、南隣の南朝に比べると、ずっと政治が健康であり、活力があった。武帝の晩年になると、かえって東隣の北斉の政治が破綻《はたん》を現わしてきた。

当時、北斉の後主は側近の小人《しょうじん》を寵愛して、朝廷の大臣、将軍を疎外した。つねに左右にあるのは宦官の和士開《わしかい》、女奴隷の馮小憐《ひょうしょうりん》、奴隷上りの乳母の陸令萱《りくりょうけん》、その子の穆提婆《ぼくだいば》などであり、賄賂を貪って国政を乱した上、国家の柱石たる名将の斛律光《こくりつこう》を族誅《ぞくちゅう》した。これ以後、人心は解体して、将兵はだれも王朝のために尽力しようと思うものがなくなった。この機会に乗じて北周の武帝は、国民を総動員し、挙国の大軍を率いてみずから陣頭に立って北斉へ攻めこんだのである。

これに対して北斉の後主もみずから兵を督して出陣し、平陽《へいよう》で両軍が会戦した。北斉の後主は、いまや皇后に出世した女奴隷の馮小憐と二人で馬を並べて観戦していたが、左翼の兵が少しく退くのを見て、まず馮小憐があわて出し、

「ああ負けだ」と叫ぶ。穆提婆がそれに応じて、「陛下、早く逃げなさい、逃げなさい。」と促すので、後主と馮小憐は一目散に逃げ出してしまう。大臣が袖にすがって引きとめ、

「ほんとうの勝負はこれからなのです。陛下に逃げ出されてはだれが本気に戦えるものですか。」

と懇願すると、穆提婆が立ちふさがり、

「陛下、そんなものの言うことを聞くものではありません。早く、早く。」

とせきたてて天子を逃がしてしまった。天子がいなくなると、北斉方は勇気を失って、大敗けに敗けて散走した。

北周の武帝はこの平陽の戦勝のあと、息つくひまも与えず敵を急追し、北斉の都の鄴《ぎょう》を陥れ、後主とその一族を捕虜にして、ここ四十余年間存続した山東政権を打倒して、その全領土を吸収することができた（五七七年）。

これで、これまで狭い関中の地に逼塞《ひっそく》していた北周は、華北一帯を手にいれ、急にその国力が強大になった。武帝はまもなく病死したが、その子の宣帝《せんてい》が位をつぎ、やがて南朝に圧迫を加え、従前は大体において淮《わい》水の線が南北の国境となっていたのを、ぐっと南方へ押し下げ、揚子江に到達するまでを自国の領土に加えた。

さてこのように、北周の国力がにわかに強くなったのはよいが、それと同時にこれまで見られなかった悪い風潮が頭をもたげてくるのを如何《いかん》ともすることができなかった。それはおそらく長いあいだ続けられてきた緊張の反動が現われたのであり、もはや隣国には何ら恐るべきものがないという安心感が、やがて自己の欲望を解放し、さらに放縦堕落にまで至らしめるのである。精神をひきしめることはむずかしく、内外からの適当な刺激や錬成が必要であるが、放埓《ほうらつ》に流れるのはいとやすい。これが人間の弱点である。

北周は宇文泰から武帝に至るまで、四人の実力者は皆が皆、名君とはいえないまでも、いずれもまっとうな人物であった。中でも武帝は在位十七年、貧弱な国力をもって強敵の北斉に対抗し、ついにはこれを滅ぼすに至るまでの苦労は並大抵でなかった。戦場に出ると、いちいち部隊長の陣営を巡回し、隊長の名をよく記憶して呼び上げては面接慰労するので、将兵は感激し、身を粉にして働いた。戦場へはいつも駄馬に乗って出かける。大臣が良馬を勧《すす》めると、

「自分ひとりが駿馬に乗って何の役に立つか。」

といって退ける。それほど気をつかって部下を励ましたものである。

ところがその子の皇太子はどうも不肖の子である。そこで武帝は、しばしば折檻を加えて性根を叩き直そうとしたが、どうしても改心しない。武帝が死んだ時、皇太子は年二十、ちょうど悪い盛りの年である。

皇太子が即位して、宣帝となるが、帝位についた喜びは大きい。それにしても今まで頑固な親父の奴は、よくもたびたびこの俺を殴ったものだ。鞭うたれてできた傷痕《きずあと》をさすっては、

「あの死にぞこないめ、なぜもっと早く死ななかったか」

といっては悪態をついた。父帝の後宮、宮人をすべてわがものとしたことは、大いに漢人官僚の眉をひそめさせた。

二十歳の非行天子に、政治の決裁は荷が重すぎた。側近の口車に乗せられては大失敗を演ずる。即位後まもなく、叔父の宇文憲を殺した。出でては将、入っては相としてよく働いた親戚で、北周にとっては大黒柱の人物であった。それだけ新天子にとっては危険な、また煙たい存在でもあったのであろう。

従来の刑罰はあまりにも重すぎるという意見があったので、世論に従ってそれを軽く

改めると、今度はますます犯罪が増加するので、前よりもかえって重い刑法を定めた。そのたびに官僚間の議論がやかましい。そんな政治は、じつはどうでもよい、早く音楽やダンス、それに軽業《かるわざ》や奇術を見たりやったりして遊びたいのだ。そこで宦官に一切をまかせようとするのだが、今度はそのことについて官僚が異議を申立ててくる。じつはこのように官僚に発言権のあることが北周の政治の健全であった理由だったのだが、宣帝にとってはそれが煩《わずら》わしくてたまらない。そこで政治から完全に逃避する方法を考え出した。それは天子の位を子供に譲って、みずからは上皇になることである。

即位の翌年、宣帝は気前よく天子の位を子の静帝に譲って隠居し、天元皇帝と称した。周知のように中国の天子は在位中は、ただ皇帝とだけ称し、宣帝とか静帝とかいう名は、実は死後の諡《おくりな》なのである。しかし歴史を書く時に天子に名がないと不便なので、死後の諡をもって生前の天子の呼称とするが、それはたんに歴史記述の便宜のためにすぎない。ところで天元皇帝というのは、彼が自分でとなえた名である。いうなれば生存葬を行なって、自分に自分の諡をつけたことになる。ただし彼がほんとうに死んでしまうと、宣帝という諡を贈られたので、歴史の記述には、普通は宣帝の方を用いる。

さてこの天元皇帝は、政治上のむずかしいことは嫌いだが、政府に対して干渉したいときは勝手にやる。責任をとるのはいやだが、権利は行使したいというのであるから、まことに厄介な話である。

ときどき大臣をよびよせて命令を出すが、それは政治上の意見を求めるのでなく、天下の婦女子には化粧をすることを禁止しろ、ただし宮中だけは除外例にしておけ、というようなとんでもない命令である。それで機嫌の悪いときには誰かれの差別なく鞭打つ。それがまた非常に重くて百二十回に至るが、それでもまだ足らぬというので二百四十回にふやした。朝廷の大臣でも、日ごろは寵愛している後宮の美人でも、容赦はしない。

暗君の常として、色好みの点でも人にひけをとらなかった。天元の皇后は大臣楊堅《ようけん》の娘であるが、気に入りの後宮の他の婦人に頼まれると、それにもすぐ皇后という名前を与えてしまう。たちまちのうちに楊皇后のほかに、朱皇后、元皇后、陳皇后と、合せて四人の皇后ができてしまった。ところがまもなくそれが五人になった。

一族の宇文温の妻の尉遅《うつち》氏は、大臣であり、将軍である尉遅迥《うつちけい》の孫で、たいへんな美人であった。この尉遅氏が宮中に参内して拝謁したとき、天元は一見して気に入って、無理に酒を飲ませた上で自分のものにしてしまい、宮中にとどめて帰さない。宇文温の父、宇文亮も将軍であるが、かつは怒りかつは恐れ、謀反の志を固めた。折しも老将軍の韋孝寛《いこうかん》が大軍を率いて洛陽に駐屯していたので、これを襲撃してその軍隊を手に入れようと考えた。ところがその計が洩れ、韋孝寛は備えを設けて待ちうけ、宇文亮を捕えて斬り、その子宇文温も当然連坐して殺された。寡婦となったその妻の尉遅氏は今や公然と天元の寵愛を受けるようになったが、天元はこれにも皇后の待遇を与えたかった。

宮内庁の次官、辛彦之《しんげんし》に向って、このことを要求すると、辛彦之は渋い顔をして、

「昔から同時に五人もの皇后を立てるなどということは聞いたことがありません。」

とはねつけた。今度は大学教授の何妥《かだ》というものに尋ねると、何妥は、

「むかし帝嚳《ていこく》という天子には四人の妃《きさき》があったそうですし、舜《しゅん》は二人の妃を持ちました。皇后の数は時代によって変るものです。」

と博学ぶりを発揮して天元の機嫌をとったものだ。天元は大いに喜び、辛彦之を免官にし、宮内庁の人事を入れ替えた上で、もう一人の尉遅皇后を冊立《さくりつ》した。

この尉遅という姓は、いまの新疆《しんきょうしょう》省内にあった于闐《うてん》という国の出身で、ペルシャ系の家である。もっとも、すでに中国人と雑婚したあとであるが、両方のいいところをとって、すばらしい美人が生れたのであろうか。

こういう淫蕩な風の漲《みなぎ》っている宮中にあって、正皇后の楊氏は楊堅《ようけん》の娘で、伝統的な婦徳をそなえた、しとやかな婦人で、ほかに四人も皇后を立てられても嫉妬するでもなく、宮中の敬愛を一身にあつめた。そういう古風な美徳が、天元にはかえって気に入らない。あるとき癇癪《かんしゃく》をおこして楊氏に死を賜い、自殺を命じた。楊皇后の母の独孤氏

は天元の伯父明帝の皇后独孤氏の妹である。びっくりして宮中にかけつけ、頭を地面にすりつけて血の出るほど嘆願して、やっと許してもらえた。

このような状態では、朝廷の大臣も、政府の官僚も、その日その日が不安であって、一日も安閑とはしていられない。誰かもっとしっかりした、頼りになる人物の出現を待望する気持が、みんなの心に起こるのは当然である。それなら、こういう希望に応えうる人間とは誰々か。

まず挙げられるのは二人の老臣、尉遅迥と韋孝寛である。この両人は同時に、非漢人と漢人とを代表する両大関である。当時、尉遅迥は先に滅亡した北斉の旧都、鄴《ぎょう》に鎮守して大軍を握っている。一方、韋孝寛は中国人の名家の出身であり、これまでにすでに数々の武勲を立て、やはり大軍を率いて洛陽に駐屯している。ただしこの両人はいずれも年がすでに七十歳にも達しているので、あまり遠い将来については望みを託することができぬのが難である。

これに対してあたかも壮年で、これから売り出そうという新興勢力の代表は、楊皇后の父、楊堅《ようけん》である。この家は北周王室と同じ武川鎮軍閥の出身であるが、血統の上では中国人を名乗っている。父の楊忠は軍功によって、随国公に封ぜられ、楊忠の死後、長子の楊堅はその爵《しゃく》、随国公を受けついでいる。年は四十歳に達したばかり、思慮深くてしかも決断力に富み、将来有望な成長株として、めきめき男をあげつつある。これがのちに隋の文帝《ぶんてい》となる人であり、煬帝の父なのであるが。では、この楊堅は、いかなる経歴によって帝位を獲得するに至ったのであろうか。

三　隋の文帝の登場

隋の文帝楊堅は、その家系を遠く漢代の名望家の大臣、楊震《ようしん》にまで遡《さかのぼ》らせるが、これはもちろん信用できない。ただわかっていることは、その家は北魏の時代、北方前線基地の武川鎮に移住し、その駐屯軍の将校をつとめていたらしいことだけである。父の楊忠の時になって、北周の開国の功臣、十二大将軍の一人に数えられて、ようやく社会に存在を認められるようになった。そして長子楊堅のためにその十三歳の時、同じ武川鎮軍閥の鮮卑族出の名家、独孤信《どっこしん》の娘を娶《めと》って妻とさせることができた。次子の楊瓚《さん》には武帝の妹を降嫁させてもらった。こうして楊家はしだいに重みを加えてきた。

楊忠は六十二歳で没し、子の楊堅が父の爵をついだのはその二十八歳の時である（五六八年）。妻の独孤氏は夫より一歳年長であるが、いったい北方民族のあいだでは、女子の発言権が大きい上、名家の出という自尊心もあり、嫉妬心が深くて、堅く夫に浮気を禁じていたので、最初のあいだは夫婦の仲が至極円満であった。長女の天元皇后を含めた五女のほかに五人の男子を生み、勇、広(煬帝)、俊、秀、諒と名をつけた。楊堅がその長女を皇太子の宇文贇《いん》の妃に納れることに成功したのは北周の武帝の代であって、時に皇太子十五歳、妃楊氏は十三歳であった。帝室との縁組によって、彼の家柄にはいっそうの箔がつけられた。

しかし楊堅の家柄は、さらに高い家系から見ると、まだ多分に成上り者としか映らなかった。その娘が皇太子妃に立てられたのも、じつはあまりに有力な大臣、大将の家柄から迎えると、その家が外戚《がいせき》として権力を振うようになるのを気づかって、かえってそれほど目立たない、上流中の下流ぐらいの標準で、楊氏に落ちついたのであった。

楊堅は家柄もあまりぱっとしない上に、自身の年齢も比較的若かったので、政治的にも軍事的にも、これといった手柄を立てる機会を与えられなかった。彼が三十七歳の時に、北周の武帝が、長年の宿敵であった北斉を滅ぼすという大事件が起こったが、こういう絶好の機会にも、彼はほとんど目に立つような働きをしていない。このときに前線に出て軍事を指揮したのは、武帝の弟の宇文憲であった。

ところが北斉を滅ぼした翌年に武帝が三十六歳で没し、子の宣帝が二十歳で即位すると、楊堅の地位は急に上昇した。その娘が宣帝の正皇后であるから、楊堅はいわゆる外戚という身分になったのである。歴史上の前例を見ていくと、天子が病気だったり、あるいは幼年だったりしたときには、外戚はしばしば天子に代って政治を総攬《そうらん》することが、いくらもあったのである。

二十歳で即位した宣帝は、側近の讒言《ざんげん》を信じて、大功のあった叔父の宇文憲を殺してしまった。この叔父はあまりに才能があり、評判が良すぎて、宣帝にとって危険な存在であったかもしれぬが、しかしいざこの人が亡くなってしまうと、北周の王室は、もう人物がいない、急に寂しいものになってしまった。

そのほかにも北周王室の一族に、役に立つ人が全然いなかったわけではない。しかし宣帝は、親戚が自分の地位を奪いはしないかと過度に警戒し、みな遠方へ追いやって都に残しておかなかった。ただ自分の小さな一家だけに権力を集中しようと計ったのだが、その自分自身がまだ処世の経験も浅く、その上に多分に非行に染まった二十歳の小僧にすぎない。もしも自分に万一のことが起これば、あとにはわずかに六歳をかしらに三人の男の子があるだけなのだ。ほんとうに考えたら、これほど心細いことはない。宣帝は即位の翌年に早くも長子静帝に位を譲り、みずから上皇となり、天元皇帝と称したのは、前述したとおりである。

こういう状態になると、皇后の父親という地位にある楊堅の官僚間における比重は、ぐっと重要なものになってくる。天元の無軌道ぶりに愛想をつかした官僚たちは、藁《わら》にもすがりたい気持になっているから、自然に楊堅をたよりにしてその周囲へ集まってくる。ところが暗愚な天元でも、猜疑心《さいぎしん》や嫉妬心だけは人なみに持っていたとみえる。皇后の父の楊堅をも煙たく思うようになってきた。

あるとき、天元は楊堅を暗殺する手筈をちゃんと整えた上で、彼を宮中に呼び入れた。ちょっとでも不審な挙動を現わしたら、その隙《すき》をみて斬り殺せと側近に命じておいた。ところが楊堅は宮中に参内《さんだい》して、どんなことが起ころうと、平気の平左で顔色ひとつかえない。とうとうつけこむ隙を見せなかったので、暗殺は失敗に終ったという。じつは、どうやら楊堅の方が役者が一枚上で、天元の側近に手をまわして、すっかり買収しておいたのが事の真相だったのであろう。

次に天元は楊堅を江南に対する前線総司令官に任命して、揚州《ようしゅう》へ派遣しようとした。あるいはこれは楊堅の方から願い出たのだともいう。ところが、いざ出発という直前になって、楊堅は脚気にかかって出発を見合わせざるをえなくなった。これは少しおかしい。それは、天元が病気だという情報を彼がいち早く入手した上での仮病ではないかと思われるからである。楊堅はかねがね、天元の放埒《ほうらつ》ぶりを見て、あれではとうてい寿命が長くは保つまい、と眼をつけていた。何ごとにつけ、楊堅の方が天元よりも、いつも読みが深かったわけである。

果たして楊堅が足の病にかこつけて、わざとぐずぐずしているあいだに、天元上皇はほんとうの病気にかかり、それが急に重くなった。側近を呼んで遺言しようとしたが、もう口もきけぬ。すると天元の側近は相談しあって、楊堅を呼びにやったものである。すっかり楊堅の手がまわっていて、みんながまんまと買収されていたことはこの一事でもわかる。楊堅は急いで腹心をひきつれて宮中にかけつけ、天元の詔《みことのり》を受けて看病にあたるのだと称し、そのまま宮中に泊りこんでしまった。そしてその日のうちに天元上皇は死亡した（五八〇年）。年二十二歳、あとに残ったのはわずかに八歳の静帝だけである。

これで天下の形勢はがらりと変ってしまった。天元の死亡はまだ秘密にしてある。そして実際は、宮中も政府も楊堅の手中に掌握されてしまっている。楊堅は天元上皇の詔だと称して勝手に新しい命令を出し、ばたばたと事を運んで、天下のあらゆる実権を自己一身に集めてしまった。まず自身に、総知中外兵馬事という肩書を与えた。これは天下の全軍隊の総指揮官という意味である。次に地方に派出されていた王室の有力者、趙王以下の五人の近親に単身入朝する詔を発した。これは地方を根拠地として反乱を起こすのを予防したのである。そのあと、天元死亡ののち二日目に大喪を発表した。そして後事はすべて楊堅に一任しておいたという、天元の偽詔勅を同時に公表した。

この偽詔勅の中で、楊堅は、大丞相《だいじょうしょう》・仮黄鉞《かおうえつ》・都督中外諸軍事という役目に任じられていた。大丞相は天下のあらゆる官僚に命令する地位であり、仮黄鉞とは天子に代ってどんな人にでも制裁を加えうる権力を示し、都督中外諸軍事はすべての軍隊を指揮する最高権限を有する謂《いい》である。要するにすべての官吏人民は楊堅を天子の代理者として、これに絶対に服従しなければならず、これに背くものは天子に背くと同様に罰せられねばならなくなったのであった。

しかし実際の問題として、政治は実力の問題であるから、実力者はその力を頼んで、たとえ天子の命令にでも従わぬと言い出すかもしれない。一方、天下の最高責任者としては、何人《なんぴと》といえどもその命令には違背させぬことを、実力によって証明しなければならぬ。ところで、当時、中央から離れて、地方の軍隊を握り、隠然として重きをなしていた二人の実力者があった。それは鄴の尉遅迥と、洛陽の韋孝寛との、二人の軍司令官である。楊堅はまずこの二人に対して、自己の実力のほどを示さなければならなくなった。そして彼は巧みに両人の競争意識を利用して、一石二鳥の妙計を案出した。

尉遅迥は若い時に、まだ南朝の領土であった蜀《しょく》、今の四川《しせん》地方を平定してこれを北周の新領土に組織するという大功を立てた。その家は特別な美人系であったようで、孫娘の一人は、あまり芳しくない経緯《いきさつ》のあと、天元上皇の後宮に入って寵愛をほしいままにしている。彼が鎮守する鄴は、前に北斉の国都のあったところで、山東地方一帯の軍事・政治・経済の中心となっている。そこで彼は抜け目なく、もとの北斉時代の官僚であって、北斉滅亡後に失業している者をとりたてて、人心を収攬《しゅうらん》するにつとめていた。ただ彼は今や年を少しとりすぎていた。おそらく七十は越していたであろう。そのため頭の働きが鈍り、気力も衰えて、もはや昔日のおもかげはなくなっていると、当時の心ある人は見抜いていた。

尉遅迥は北周朝廷で随一の旧将だという自尊心もあり、北周王朝と同じく、非漢人出身だという親近感も強く、武川鎮軍閥ではないが、姻戚関係では北周武帝の従兄弟に当る。そこへ成上り者の漢人楊堅が現われて、過去に、何らの功業の見るべきものもないのに、にわかに外戚の威光を笠にきて朝廷の全権を掌握し、自分までがその下風に立たされたのであるから、心中はなはだ穏やかでない。ひそかに軍備を整えて自衛を計り、あわよくば長安に乗りこんで、朝廷を粛清しようと準備しはじめた。この情勢はすぐ長安の楊堅の耳にも聞えてくる。そこで楊堅は、さっそく尉遅迥の競争相手である韋孝寛を起用して、尉遅迥に代らせようと計った。

韋孝寛は国都長安における漢人の名家の出である。北斉との連年にわたる戦争に、いつも前線に出動して功を立て、とくに北斉滅亡のさいに大きな働きをして威名赫々《いめいかくかく》たるものがあった。このころ彼は南朝の動きにそなえるために、洛陽に鎮守して、大部隊の駐屯軍の司令官となっている。そこで楊堅はこの韋孝寛に命じて、鄴におもむいて、尉遅迥に代ってその地の駐屯軍司令官になれと任命したのである。時に韋孝寛は年七十二歳、ここに二人の老将のあいだの角逐《かくちく》が展開されるのである。

韋孝寛は命令を受けると、すぐわずかな人数をつれて鄴に向って出発したが、果たして尉遅迥が素直にその地位を明け渡すかどうかわからない。しきりに密偵を派遣したり、用もない使者を仕立てたりして様子をうかがうと、どうやら戦備を整えて待ち受けているらしい。うっかり乗りこむと出陣の血祭りに上げてしまわれるかもしれない。そこで病気を口実に、わざと日数をかけてゆるゆる前進する。尉遅迥の方でも、何げない体《てい》で韋孝寛を誘いよせて人質にするつもりで、韋孝寛の甥《おい》、韋芸《いげい》に旨を含めて途中まで迎えに出してやった。韋孝寛は甥を問いただすと、尉遅迥方の内情がすっかりわかったので、そのまま甥を引きつれて、急遽いま来た道を引きかえした。途中の宿場につくと、そこに備えてあるだけの駅馬を全部徴発し、いっしょに率いて逃げのびた。そのさい、宿駅の係に、さあらぬ体で命令し、

「やがて尉遅将軍がおいでになるであろうから、今から接待の準備をしておけ。」と申し付けて立ち去った。果たしてまもなく尉遅迥の先鋒の大将が軍隊を引率して韋孝寛を捕えにやってきたが、至るところでご馳走のもてなしを受けたのはよいが、疲れた馬を新しい馬に乗りかえようと思っても、駅馬はどこにも一匹も見当らない。ぐずぐずしているあいだに、韋孝寛は首尾よく落ちのびて、無事に洛陽へ戻ってきた。

この間《かん》に尉遅迥はいよいよ旗上げの態度を明らかにし、朝廷から派遣された使者を殺し、楊堅の行為を非難した檄文《げきぶん》をとばして同志を糾合する。これに対して楊堅も関中の兵を動員し、韋孝寛を総司令として尉遅迥の討伐に差し向けた。

ところが当時の形勢は、楊堅にとってはまことに重大な危急存亡の秋《とき》であった。地方駐屯の将軍の中には、尉遅迥の甥の尉遅勤、現在の幼少天子静帝の皇后の父の司馬消《しばしよう》難《なん》をはじめ、尉遅迥の檄文に心を動かされて明らかに同調の態度を表わすものがあり、また態度を保留して、ひそかに形勢を観望しているものもある。それどころではない。討手の総司令韋孝寛に従って出動した諸将の気持もほんとうはどうなのかわからないのだ。

こういうさいに、楊堅の参謀となって、的確に天下の形勢を把握し、着々と先手を打って、味方の持ち駒を百パーセント有効に活用したのが、漢人官僚の李徳林《りとくりん》である。李徳林は楊堅にすすめて、総司令韋孝寛の相談役に誰か有能な官吏を派遣してやりたいと願った。しかし誰もこんな困難な局面に当るのはご免だと、なりてがない。そのとき、みずから進んでその役を買って出たのが、同じく漢人出身の高熲《こうけい》である。この混乱した事態を前にして、しだいに漢人勢力が楊堅のもとに結集しだした動きが看取される。

高熲は命令を受けるやいなや、とるものもとりあえず、韋孝寛の軍中に駈けつけた。そこで両人が相談して定めた戦略はこうである。当面の最大の敵は尉遅迥である。これさえかたづければ、あと四方の小さな敵対勢力は、風を望んで降参するのを待つばかりだ。そして尉遅迥を殪《たお》すには速戦速決でいかなければならない。途中に少々の敵軍が城に籠って防戦しても、そこは素通りにして、一挙に敵の本拠である鄴を衝《つ》く。幸いに引率する部下は、北周王朝の旗本の精鋭で、東西に転戦して一度もひけをとらなかった、最強最鋭の騎兵部隊である。機動力に富んで、戦場での駈け引きがうまい。これをうまく使いこなせば、天下どこへ行っても恐るるものがないのだ。

尉遅迥の方では、子の尉遅惇《うっちとん》を大将として、十万の軍を率いて逆寄《さかよ》せに攻めてきて、沁水《しんすい》という黄河の支流で韋孝寛の軍と衝突した。韋孝寛の参謀の高熲は沁水に浮橋を造って渡河の準備をすると、敵は上流に筏《いかだ》を組み、それに薪《まき》をのせ火を放って放流し、浮橋を焼き切ろうとする。高熲はそれが浮橋へ接触しないように、土狗《とぐ》と称する障礙物《しょうがいぶつ》を河の中へ立てて浮橋を保護する。虚々実々の謀略戦である。

　河をはさんで戦うときには、敵が半ば渡ったところを見すまして襲撃するのが一番有利だ、ということが古くから言われている。尉遅惇はその手を使おうとして失敗した。というのは、敵を誘うつもりで、少し陣を退けたところが、敏捷《びんしょう》な韋孝寛の軍は、たちまちのうちに浮橋を利用して全部対岸に渡り終えてしまったのだ。そして渡り終ると同時に、橋を打ち壊して背水の陣を布《し》き、勢い鋭く尉遅軍を攻めたてたので、尉遅方十万の軍はさんざんに討ち破られて、根拠地の鄴に向って退却する。戦略家の韋孝寛はすぐその後に従って、一挙に鄴の前面まで押しよせてきた。

　そのとき、さすがは老将尉遅迥、少しも騒がず、城中から十三万の新手の軍を繰り出して、鄴城の南郊に陣を布いた。その旗本勢はやはり北周王朝譜代の精鋭部隊で、尉遅迥も老いたりとはいえ、甲冑を着て全軍に指揮号令する姿はいかにも頼もしげに見えた。されば鄴城中の市民は竜虎あいうつ両軍の晴れの戦闘の実況を見んものと、城中を抜け出して付近の小高い岡に登ると、始めは一人二人だったのが、しだいに真似《まね》るものが多くなって、やがて数万人の大観衆となった。

　この観衆を前にして攻撃軍の韋孝寛と、防禦軍の尉遅迥とが火花を散らして接戦するが、始めは尉遅軍の鋒先《ほこさき》するどく、攻撃軍はたじたじとなって浮き足だってきた。それを見た攻撃軍のひとりの大将は、はたと奇計を思いついて、急に岡の上に集まった見物の群衆に向って矢を射かけて攻撃を加えたものである。群衆は思いがけぬこととてびっくり仰天し、悲鳴をあげて鄴の城中に逃げ帰る。そのあとを続いて攻撃軍が攻めこむ勢いを見せたので、今度は尉遅軍が動揺を来して大混乱に陥った。

韋孝寛の軍は形勢有利と見てとるや、左右両翼を張って鄴城を包囲し、南側の大城を陥れると、北方に突き出た最後の拠点たる小城も抵抗力を失って、命旦夕《めいたんせき》に見えた。尉遅迥はなおも小城の楼門に上り、みずから弓矢をとって防戦したが、やがて敵が楼門の屋根に上ってくるのを見て、はやこれまでと覚悟し、弓矢をすてて自殺した。旗上げをした日から六十八日目で、何ともあっけない幕切れであった。そして尉遅迥が没落すると、これに呼応した四方の反乱もまたたくまに平定されてしまった。

ところでこの戦争の大功労者である韋孝寛は、それから三月目にぽっくりと、音もたてずに病死した。当時は七十歳以上といえば、現今の九十歳くらいに相当するから、別に不思議はないわけであるが、さりとはあまりにも楊堅にとって好都合でありすぎた。もし彼がなお数年も生き永らえていたなら、今度は尉遅迥以上の邪魔者になりかねない人物であったのだ。まったく楊堅のために、目の上の瘤《こぶ》たる尉遅迥を征伐し、凱旋《がいせん》したとたんに自分も死んだのである。もはや楊堅にとって、はばかるべき人間はひとりも存在しないことになったのである。

それなら韋孝寛はいったい、どんな気持で唯々諾々と楊堅の命令に従って、彼のために、甘んじて無駄骨を折って邪魔物を除けてやり、成功への途《みち》を開いてやるようなことをしたのであろうか。もっとも当時は楊堅の命令といっても、それはあくまで北周静帝の勅命という形をとっているから、北周の臣下が天子の命令に従うのは、当然すぎるほど当然なことだといえばいえぬことはない。しかし形式はそのとおりでも、静帝は幼《よう》沖《ちゅう》の天子、実権は楊堅の手中に握られて、しかもその楊堅は北周王室の一族に対し、すでに迫害の手を伸しつつあった。いわば不忠のあとの歴然たるものがあったのである。それをまったく不問に付して楊堅のためになることに、身を粉に働いたのは、なるほど、後から考えれば合点の行かぬことであった。しかし身を当時において考えるならば、それほど不可解なことではない。第一に、韋孝寛は何よりも尉遅迥を当面の敵手と意識していた。もし自分が彼を倒さねば、やがては自分が倒されると感じていたに違いない。第二には、楊堅という人物を軽視していた。人間は誰しも年が寄ると、同年輩の人物は警戒もし研究もするが、子供ほどに年の違う人間はつい看過してしまうのである。いざというときに、自分の過去の威名をもち出せば、駈け出しの楊堅などは、たちまちしゅんとして引っ込むものと自惚《うぬぼ》れていたことは大いにありうることである。第三に、混乱の時期ほど軍隊を指揮し、軍隊を手なずけておくことが有利である。尉遅迥征討という挙国の大軍の総司令になることは、願ってもない幸いであった。この大軍を指揮して戦功を立てることは、いっそう自己の経歴に箔《はく》をつけることになる。要するに韋孝寛は韋孝寛で、やはり自己の計算にも抜け目なく、この大役を引き受けたわけであった。

ただし彼が果たして当時の万人に共通な野心家であったなら、彼の行動は一番大切なときに機会を逃したといえるであろう。それは尉遅迥を平らげて国都長安に凱旋したときである。この機会を失わずにクーデターを行なって、楊堅派を宮中府中から追放して自己が最高権力者になろうと思えば、それは決して不可能ではなかったであろう。ただおそらく、そんな一《いち》か八《ばち》かの運命を賭けるには、彼はすでに年をとりすぎていたのかもしれない。そして結果としては、何ら報いられることなくして、楊堅のために、ただ露払いの役を果たしたに終ったのであった。

韋孝寛が死んだ翌月、楊堅は今や安心して相国《しょうこく》という位についた。朝廷の大臣の中の最高位で、丞相よりも上の位である。爵は随国公から随王に進められた。王というのは天子よりもただ一等低いだけの位である。その翌年、随王楊堅は北周静帝を廃して、みずから天子の位についた（五八一年）。これが隋の高祖文帝である。ただし形式上は、北周の静帝が隋の文帝に位をゆずったという禅譲《ぜんじょう》の儀式をしてみせた。この易姓《えきせい》革命は、至って静穏に、何らの抵抗もなく行なわれた。旅館の一室に、前夜の客が立ち去ったあと、新しい客が入ってきて、その部屋を占領したくらいにしか世間からも受け取られなかった。しかし、次に自分の新王朝が、そんなに容易に他人に乗っ取られてはかなわぬと文帝は思案した。そして国号の隨の字から、走る意味の辶《しんにゅう》を取り去って隋《ずい》という新しい字を造って王朝の名にしたといわれる。

南北朝は易姓革命の時代である。北魏が華北を統一してから分裂するまで、約一百年つづいたのを例外として、長くて宋の六十年、短ければ南斉の二十四年、というふうに王朝の更迭《こうてつ》は目まぐるしいほど頻繁である。ただ一つの取り柄は、それが有力者間における政権の授受にとどまり、一般人民には、ほとんど影響を及ぼさずにすんだことである。この種の革命には、一般人民どころか、大部分の官僚までが、いっさい、事情を知らされない状態におかれていて、何らの発言権もないと同時に、べつに大した被害も受けないですむのが常であった。

しかしこの革命によって、最も深刻な打撃をこうむる家がただ一つある。それは帝位を譲った前王朝の一家である。多くの場合、一家の当主がやがて劫殺《ごうさつ》か毒殺される運命は免れぬ上に、その一家の男系の子孫は全員が皆殺しの目にあうのが普通の例であった。

なぜそのような非道なことをしなければならぬか、といえば、結局、新王朝に十分の自信がないからである。それは古代の聖王がやったように、天下万民の推戴《すいたい》を受けて、已《や》むをえずに帝位についたのでなく、まったく一時の偶然に生じた有利な勢いに乗じ、天下の世論を偽作して、帝位を盗んだにすぎない。だからもし一瞬の機会を見のがしても、帝位はその間に他人の方へ行ってしまうかもしれないのである。それをいちばんよく知っているのが新天子自身である。したがって、運よく手に入れた帝位を、安全に子孫に伝えるためには、危険分子を残らず除去してしまうに越したことはないと考える。これにはまた当時一種の迷信が信ぜられて、新しい時代を創り出すには古いものを根絶しなければならぬ、というような思想も行なわれていた点もあずかっていた。そこで革命のたびに、何十人という罪のない男子が老幼を問わず殺戮《さつりく》される。

しかしながら、已れに出づるものは已れに返る、とはよく言ったものである。革命が何度も繰り返されるということは、かつては他人の一家を皆殺しにしたものが、やがてその子孫の代になると、今度は他人から皆殺しにされることを意味する。これは因果応報といってしまえばそれまでだが、しかし祖先が悪かったからといって、子孫の罪のない幼児までが惨殺されるとは、あまりにも残忍な悲劇ではあるまいか。これも権力だけが世上に通用する南北朝という時代の風潮が生んだ已むをえざる結果であったのである。

さて隋の文帝楊堅は、朝廷の実権を掌握してしまうと、まだ帝位につかない前から、すでに北周王家の一族に対して迫害を加えつつあった。幼天子静帝の祖父武帝には非常に多くの兄弟があって、そのうち生き残りの五人は地方に領地を与えられて王に封ぜられている。楊堅はこれらの諸王が連合して兵を挙げはしないかとおもんぱかり、宣帝の詔勅だと称して、単身、国都に朝覲《ちょうきん》するように命じた。趙王、陳王、越王、代王、滕《とう》王の五人であるが、彼らは何も知らずに前後して長安に到着すると、そのまま有無を言わさず軟禁されてしまった。こうして、籠《かご》の鳥も同様の身となった五王は、やがて次々に謀反の汚名を被せられて、子孫といっしょに殺された。もう一人、宣帝の従兄弟《いとこ》の中で一番年長の畢《ひっ》王宇文賢はその三子といっしょに、ずっと前に殺されていたので、いざ革命の暁には、有力な親戚はまったく残っていなかった。

さて革命実現の後に、まったく無抵抗になった北周王室の子孫をどう処置するかが問題になった。隋の文帝の参謀となって超人的な働きをした李徳林は、極力彼らの生命を保全しようとしたが、文帝は聞きいれなかった。それは、文帝がまだまったく名を知られない少年のころ、ある人相見が来て、

「あなたは将来天下をおとりになる方だ。しかしそれには、うんと人殺しをしなければ地位が安定しませんから、よくわたしの言葉を記憶しておいでなさい。」

と、とんでもない予言をしたのを覚えていたからだという。しかし、実際はそんな予言がなくても、文帝は元来、残忍で猜疑心深く生れついていたのだった。予言などはかえって自分がでっち上げた口実かもしれない。文帝は李徳林の意見に対して、はなはだご機嫌斜めで、

「それは君ら書生っぽの意見にすぎない。こういう大事件はわが輩のほうがずっとよくわかるのだ。」

とたしなめて、ここに無慈悲な殺戮《さつりく》が開始された。前天子の静帝、その二人の弟、静帝の叔父宇文贇《さん》以下六人とその子孫、静帝の大伯父に当る二人の明帝・閔《びん》帝の子孫、一族宇文導の子孫など、すべて男の子は全部殺されて北周王室は根絶やし

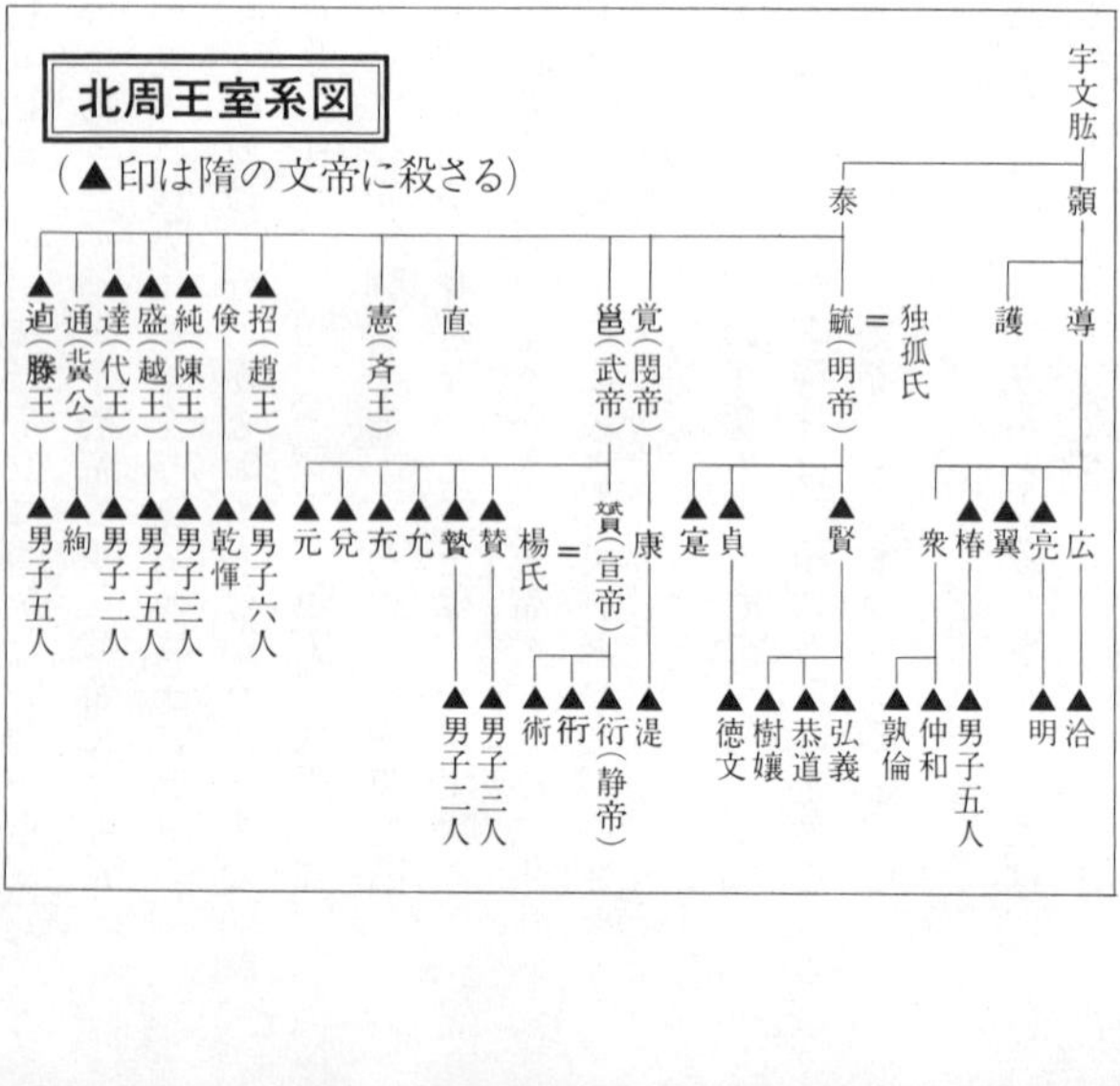

にされたのである。そして、こんな悲劇に反対した李徳林は、いわば働き損になって、それ以後ほとんど文帝から相手にされなくなった。そのときどきに必要な人間をおだててては使うが、用がなくなればあっさりと見すててしまうのを何とも思わない。隋の文帝はそういう冷酷さをもった男であった。

四　文帝の家庭

隋の高祖文帝といわれる楊堅は父の楊忠の一代で、軍閥貴族の一員と認められるまでに成り上がったので、それまではとるに足らぬ低い家柄であったことは、その妻の呂氏《りょ》の素性が全然わからないことによっても察せられる。しかしその血統は漢人であるという自覚をもっていたが、北周王朝は異民族鮮卑《せんぴ》の出身だったので、北周時代に普六如氏《ふりくじょ》という鮮卑名の姓を賜わった。この姓は楊堅が帝位についてからすぐ廃止したが、しかしこの一家は長いあいだ、異民族といっしょに生活しているうちに、その生活様式や人生観までが、たぶんに異民族化してきた点が多かった。ただし異民族はその風習が野蛮だといっても、またそこにおのずから素朴で優れた点をもっているものであるが、この楊氏一家はどうやら異民族の気風のよいところをすっかり忘れて、悪い点だけが残り、いっぽう漢民族の生活様式も、その良いところを置きざりにして、好ましくない部分だけを保存したように見える。まことに困った家風であった。

楊家の家風でいちばん悪いところは、権力欲がはなはだ熾烈《しれつ》であったことである。権力を追求するためには手段を選ばない。したがってそこには漢人社会に見られるような大家族の協力という気風も存在しない。各人各個が我利《がり》我利《がり》亡者になって、近親同士でも互いに相排撃するのであった。

文帝楊堅にはひとりの叔父、楊整があったが、この夫婦は甥の楊堅夫婦といつもいがみ合って仲が悪かった。楊整が戦死したあと、その子の楊智積《ちしやく》は、従兄の楊堅に睨《にら》まれて、いつもびくびくして暮していた。そうはいっても天子の近親であるから、財産をつくろうと思えばいくらでもできたのであったが、少しもそんな欲が出なかった。五人の子供には論語と孝経だけを読ませて、貴族の社交界へ出て交際するのを避けさせた。

「うっかり才能を認められでもしたら、それが身の破滅の原因になるのだ。」

というのがその理由であった。

前述のとおり、文帝楊堅はその妻に第一流の名族、独孤信《どっこしん》の娘を娶《めと》ることができた。その姉は北周武帝の兄の明帝の皇后である。楊堅の妻になった独孤氏は名家の出だという自尊心があり、その上に勝気で嫉妬深い性分なので、親類中と仲違《なかたが》いした。叔父の楊整との不仲も独孤氏が原因であったらしく、また弟の楊瓚《さん》との不和もやはり独孤氏が醸《かも》し出した結果らしい。楊瓚は楊堅の同母弟であったから、普通ならば仲よく暮すはずであったが、楊瓚はやがて北周の王室から妻を迎えることになった。すなわち北周武帝の妹の宇文氏であるが、このほうが独孤氏よりもいちだんと家柄が上であることは言うまでもない。そこで嫁同士のいがみ合いから、夫の兄弟同士の不和に発展したのである。

楊堅が北周王朝を簒奪《さんだつ》するについては、妻の独孤氏の切なる希望も確かに作用していたらしい。独孤氏は、「騎虎の勢い」という言葉で夫に簒奪をすすめたという。大臣となり外戚となり、国内第一の権力者になってしまった上は、それはちょうど虎の背に騎《の》ったようなもので、もう途中でやめるわけにはいかない。うっかり虎の背から下りようものなら、虎に喰い殺されてしまうのは必定《ひつじょう》である。人間もそのように世間の勢いに乗ってしまった以上は、とことんまで乗せられて行くよりほかはないという譬《たと》えである。確かにこれは時勢の動きを的確に言いえて妙である。

ところが楊堅が、着々と革命の準備を進めると、弟の楊瓚はそれに不満であり反対である。もしも失敗すれば自分までがその巻添えを喰わされるので、なぜそのような危険な企てをするのかと制止する。同時にこれは楊瓚の妻宇文氏の実家の運命に関することでもある。どんなに楊瓚がとめようとしても兄は聞きいれぬので、ついに兄を討つ陰謀を企てたというが、それは不発に終り、兄のほうでも別に咎《とが》めだてをしないですませた。しかし兄楊堅がいよいよ帝位に登ると、新天子文帝は弟楊瓚に妻の宇文氏を離別するように申渡した。しかし瓚はそれを聞きいれない。文帝は腹をたてて、わざと弟を冷遇してみせつけると、楊瓚はやけになって呪詛《じゅそ》をしはじめた。のちに文帝の宮中での園遊会に出席して急死したが、世間では毒殺されたに違いないと噂しあった。その子の楊綸《りん》が相続したが、これも一生王室から冷遇されどおしであった。

文帝楊堅にはもう一人の弟、楊爽《そう》があった。これは異母弟であるにかかわらず、年がずっと離れていたので、文帝はかえってこの弟を可愛がった。しかし二十五歳で気が変になり、鬼に祟《たた》られたような強迫観念に襲われて、鬼と戦いながら死んでしまった。その子の楊集《しゅう》も王室から冷遇されつづけた。

文帝も独孤皇后も、その親戚とは仲違いをしたが、夫婦と子供との小家族のあいだでは円満な生活を送りたいと熱望した。家庭の不和はとかく婦人問題が原因になるので、この夫婦は妾《めかけ》をいっさい置かぬことを誓いあった。そして当時の貴族には珍しく、一夫一婦のあいだに女子五人、男子五人の子をもうけた。親子合せて十二人、これはまったく水入らずの仲であるから、この家庭生活は永遠に平和が続きそうに見えた。ところが事実は期待に反して、最後には支離滅裂な不和家庭の標本のようなものになったから恐ろしい。考えようによれば、それがまた当然の帰結とも言えることだったのだ。

いったい親たちが、親類とも兄弟とも憎悪しあい喧嘩しあいしておりながら、自分の子供には仲よくしろ、といっても、それは無理な話だ。親たちが我利我利亡者で、他人の足をひっぱっても自分が抜け駈けの利益を占めてみせ、ときには自分の子供にもそのやり方を伝授しておきながら、自分の子供の兄弟同士だけは、互いに譲りあえと教えても、これはいよいよ無理な話ではあるまいか。文帝の子供たちが、親の期待に反して、互いに排斥しあったのは、よく親のやることを見ていて、その真似をしたにすぎない。この親にしてこの子があったわけだ。

ただし長女は弱い女性の常として、いわば父の野心の犠牲に供せられたので、この女には罪がなかった。夫の宣帝が死んで、静帝が幼冲《ようちゅう》でみずから政務がとれぬので、父の楊堅が天子の代理になるまでは、すべて彼女の希望と一致していた。ところが全権を掌握した父は、やがて北周王室に不利な行動をしだいに露骨に現わすようになった。彼女ははなはだ不満であったが、しかしほかに何人も頼りにするものがないから、ただはらはらしながら形勢の推移を見守っているだけであった。最後に革命が実現して婚家の一族はみな滅亡した。そして自分自身も、もはや北周王室の皇后ではなく、新しく成立した隋王朝の皇帝の長女として、改めて楽平公主という待遇を受けることになった。嫁《か》しては夫に従う、というのが中国古来の道徳であるから、婚家の滅亡はいたく彼女の心を痛ませたに違いない。その心も知らず、父は新たな嫁入り先を物色しだしたが、公主はいっさい受けつけずに断わりつづけ、怏々《おうおう》として余生を送った。

文帝の男の子五人の長男、楊勇《ゆう》は文帝が即位するとすぐ皇太子に立てられた。年は二十歳になるかならぬかであったが、当時は一般に早熟なのが普通であったから、革命のさいには、ひとかどの仕事をして役に立ったようである。皇太子になってから、文帝は天下の重要な政治に絶えず参与させて、政務を見習わせるにつとめた。しかし、どうしたことか、皇太子はだんだんぐれだして、素行が悪くなってきたのである。

次男楊広《こう》（後の煬帝《ようだい》）は兄よりも五つほど年下であり、革命のさいには年十三歳であった。父の文帝はこれらの子供がいかにも頼もしく見え、戦争のたびに名目的な総指揮官に任じ、また地方の重要な軍事基地を領土として与え、王に封じてその地を鎮守せしめた。楊広はやがて晋《しん》王に封ぜられ、北方モンゴル族の侵入に備える重要任務を与えられた。兄の評判がしだいに悪くなるのを見て、楊広はやがて、取って代ろうという野心を起こすようになった。

三男の楊俊《しゅん》は秦《しん》王に封ぜられたが、その領地は国都《こくと》の西方近くにあり、彼の任務は中国と西域諸国との交通貿易を保護し、かつこの貿易を攪乱したり、商人を掠奪《りゃくだつ》しようとして、北方遊牧民族が侵入するのを撃退するにあった。彼ははじめ熱心な仏教信者で、世を棄てて出家しようとまで思いつめたほどであったが、父が許可しないので中止した。そのくらいであるから、最初のうちは品行も治まり、評判もよかったのであるが、そのうちにしだいに身持ちがくずれ出した。すべて幼少のあいだは、まことに従順な子供であるが、ハイティーンになると非行化するのが、楊家の子弟に共通な家風であり、これは家庭教育のどこかに大きな欠陥があったことを示すものにほかならない。そこでこの人については、その後の成行きをここで全部述べてしまったほうがよいと思う。

秦王の楊俊は遊興の面白さを覚えると、だんだん奢侈《しゃし》に流れて、領地の租税だけでは財政が賄《まかな》えない。そこで高利貸を始め、民間に強制的に銭を貸しつけて、高い利子を取り立てたものである。そのことが父文帝の耳に入り、秦王府下の官吏を呼びよせて調査すると、その事実が明白になり、百余人が連坐して処罰された。秦王自身はまだ未成年なので、きびしく訓戒した上で、輔佐役をとりかえて行政を行なわせたが、彼の行動はいっこうに改まらない。この少年は根は利発な生れつきで、自分から大工になって調度品を造ったりする。また水殿というものを造ったとあるが、これはたんなる水上の亭ではなく、屋根の上に水をあげ、軒から雨のように滴《したた》りおとさせるクーラー装置のことらしい。これは西アジアの暑い国で発明されたもので、唐代になると、国都の長安で造られたことは史上に有名である。秦王の水殿は、さらにその上に鏡の間があって、そこで賓客を会し、妓女を集めてサービスさせるという、念のいったものであった。

いったい南北朝のころは、まだ商業が未発達であったから、家内で消費する物資は、日々の料理はいうに及ばず、酒や醬油も、衣類も建具も、みな自家で生産し、自給自足しなければならなかった。そこで遊興しようと思っても、外へ出て金を出して遊ぶ場所がないので、邸宅内に個人用の歓楽境を造らなければならない。日本の徳川時代の大名が、島原へ遊興に行ってもそれが藩の財政にこたえたほどであるから、秦王のようなやり方では、いっそう経費が高くつくのである。

こうして毎日どんちゃん騒ぎを続ければ、なるほど面白かったに違いない。遊興は必然的に漁色を伴うので、家庭生活は荒《すさ》むいっぽうである。ところが王妃の崔《さい》氏がまた途方もない嫉妬《やきもち》やきである。どんなに秦王を諫《いさ》めても聞きいれぬので、腹立ちまぎれにかっとなり、いっそ毒を盛ろうと企てた。瓜の中に毒薬をまぜて食わされて、秦王は不治の病に侵されてしまった。

重ね重ねの王子の不始末に、文帝はこらえかねて都の長安へ呼び戻し、王という名を残すほか、いっさいの官職を剝奪《はくだつ》した。それはあまりに可哀相だというものがあると、文帝は忿然《ふんぜん》として答えた。

「天下の法は万民の守らねばならぬものだ。朕《ちん》には五人の男の子がある。ひとりの王子がまったく法の外におかれるなら、他の王子がそれと同じことをしたときに取締りの方法がない。それとも王子五人にだけ通用する特別法でも制定しろというのか。」

秦王は毒にあてられて、父に上表して陳謝する気力さえなかったが、文帝は特別に厳重な訓戒の言葉を下して詰責《きっせき》した。秦王は恥じ、かつ怖れ、その病気がいよいよ重くなって、半年あまりで亡くなった。年二十歳であった。文帝はほとんど形式的に悲しみを現わしただけで、あとは忘れたように平気でいた。秦王が造作させた奢侈生活の品々は全部火にくべて焼いてしまった。葬式はつとめて簡素に執《と》り行ない、石碑を立てることも許さなかった。

「後世に名を伝えるなら、歴史に書いてもらえばそれでたくさんだ。せっかく石碑を立ててみても、子孫が家業を継ぐことができなければ、やがては他人の家の漬物《つけもの》のおもしに使われるくらいが落ちだ。」

毒殺者の王妃崔氏はもちろん死を賜わった。文帝の秦王に対する処置は、家庭生活と天下の法律との板ばさみになった感がないではないが、当時の人たちは少し過酷にすぎはせぬかと評判しあった。もしそうならおそらくあまりにも期待に反した子供の行動に、やるせない怒りを感じた結果であろう。どうやら楊家の家風は、幼少の時には舐《な》めるように可愛がって躾《しつけ》を怠り、大きくなると親子が取っ組みあって喧嘩する、現代も一部に行なわれている生活法と共通らしく見える。それが庶民なら取っ組みあいですむが、帝王の場合は、天下に公布した法律の手前、きびしい制裁を行なわねばならなくなるのである。

文帝の四男楊秀《しゅう》は蜀《しょく》王に封ぜられた。蜀は今の四川省であり、揚子江《ようすこう》の上流の盆地で本部から地形的に隔絶されている。天下が混乱に陥ったときには、ここにしばしば独立政権ができて、自給自足で支えていける土地である。楊秀はこの重地の鎮守を仰せつけられたのであった。この蜀王も才能の点では普通以上であり、とくに武芸に通じていたが、それだけ人物も行動も荒いところがあった。年頃になってくると、それがだんだんひどくなるので、文帝はこの子に対しても失望を禁じえなかった。

「どうもこの子はまともな生活ができそうもないが困ったことだ。わたしが生きているあいだはべつに問題がないとして、死んだあとには謀反でも起こしかねまじき性質にみえる。」

と皇后と語りあって心配したほどだ。彼は蜀王として四川省に鎮守しても、側近として信任する人物は心のねじけた小人ばかりであった。文帝は遠くから人事について指図するが、蜀王はいっこうそれに従おうとしない。文帝は嘆息した。

「百獣の王であるライオンは、外敵に襲撃されてもびくともしない。しかし、最後には腹の中の虫に食い殺されるということだが、なんだかこれは自分にもあてはまる譬《たと》えのような気がする。」

しかし文帝がこんな弱音を吐くようになったのは、じつはもう時機が遅すぎたのであった。蜀王もまた遊興の面白さを覚えて奢侈を極めた生活を送り、車馬や被服も天子と同じものを用いるようになった。しかしこの王子の将来の運命は、次の五男とともに、そのときどきに従って記述するほうが便宜であろう。

文帝の五男、楊諒《りょう》は漢王に封ぜられた。これは揚子江の最も大きな支流、漢水の上流で南朝に対する重要な軍事基地である。しかし彼は父の文帝から最も寵愛され、漢王という名に拘泥《こうでい》せず、転々として重要な地点の鎮守に当った。五男という末子であり、それだけ年が若かったので、父母から特別可愛がられたのであろう。

文帝は水入らずの親子だと思って頼りにしていた五人の男の子が、成長するにつれてだんだん期待に背いてぐれ出してくるので、いい知れぬ淋しさにうたれたが、やがて皇后の独孤氏とも気まずい仲になってしまった。

事の起りはやはり婦人である。先に尉遅迥が兵を挙げて敗れ、男子はおおむね殺され、女子は奴隷に落されたが、その孫娘が宮中で下婢《かひ》に使役されていた。尉遅氏はいったい美人系であるが、この孫娘はとりわけ美しい少女であったと見える。文帝はついその美貌に心を惹かれ、独孤皇后との約束を忘れて寵愛しだしたのである。これを聞き知った独孤后は怒るまいことか、文帝の留守を窺って呼びよせ、「おのれ憎っくき端《は》した女《め》」とばかり、その場で殺してしまった。宮中へ帰ってきた文帝は、それを知って、腹立たしいやら、可哀相やら、てれくさいやら、いろいろな感情が一時にこみあげてきて、自分自身が帝王であることも忘れてしまった。憤懣の情やる方なく、馬に乗ってただひとり、宮中から抜け出して行方も知らず山谷のあいだへさまよいこんだ。宮中では天子が行方不明になったというので大騒ぎ、高熲《こうけい》や楊素らが八方に手わけして探し求め、やっと天子に追いついた。そのとき高熲が、

「陛下はたった一婦人の仕業《しわざ》のために、天下をお忘れあそばしたか。」

と諫めたので、文帝もはっと我に帰り、馬頭をめぐらして帰宮した。皇后はそれを待ちうけ、涙を流して陳謝し、高熲と楊素とがはたからとりなしたので、仲直りの宴会を開いてその場はおさまった。しかし後に独孤后は、高熲が自分のことを、「たった一婦人のために」と言ったことを聞いて今度は怒りを高熲に移すようになったという。

五　江南の平定

文帝の五人の男の子の大方が、揃いも揃って父の期待にこたえないばかりか、しだいに非行の度を深めて行くについては、母の独孤皇后の偏愛が原因している点も見逃すわけにいかない。独孤后は長男の皇太子よりも次男の楊広を可愛がった。父の文帝は男であるだけ、べつに愛憎の厚薄はなかったが、将来、王室に事のあったとき、弟たちが力になって助けてくれなければならぬ場合があるのを予想し、機会あるごとに戦争の名目上の指揮官に任命して手柄を立てさせることを心がけた。こうして軍隊や官僚のあいだに顔を売っておけば、平時には隠然として重きをなし、事あるときには大きな発言権を有するからである。そこで次男楊広のために、そういった手柄を立てさせようと思っているうち、やがて絶好の機会が到来した。それは江南に残存している南朝政権、陳王朝の討伐である。

陳王朝（五五七―五八九年）は、陳覇先《ちんはせん》なる武将のたてた王朝である。彼は梁の武帝の末年に起こった大混乱の後をうけ、武力をもって治安を回復して帝位につき、武帝と称せられるが、その甥、文帝・宣帝の時代は無事であった。宣帝の子の後主が三十歳で即位すると、元来は模範青年であった人間が、どうしたことかしだいに身持ちが治まらなくなった。しかしさすがに年が年であるから、非行少年のような乱暴はしないし、大臣を殺すような手荒いことはしない。いわば軟派の放蕩児である。

政治のような面倒くさいものは、全部側近に任せっ放しである。自分は宮中で毎日のように宴会を開く。ちょうど宴会に適するように宮中に庭園をつくり、ところどころに二階建ての離れ屋を建て、一軒ごとに美人を住まわせておく。後主自身は迎春閣に住まい、いちばん気に入りの張貴妃は結綺閣《けっきかく》に居り、龔《きょう》氏、孔氏の二貴人は望仙閣に置き、家と家とのあいだを高い廊下《ろうか》で連続し、雨にもうたれず、陽《ひ》にもさらされずに自由に往来できるようにする。宴会のさいには気に入りの文士、江総・孔範ら十人をよぶ。酒を飲みながら五言詩をつくり、遅いものには罰盃を飲ませるというから、この遊びは従来の非行少年たちの乱暴な遊戯に比べればだいぶ高尚になってきているが、淫靡《いんび》な点においては同様である。

張貴妃は美人の上、とくに髪が長くて身のたけほどあり、それが漆《うるし》のように黒く光っていて、鏡のように物を写すことができたという。顔ばかりでなく姿もしなやかで、二階の窓側に出て化粧《けしょう》しているところを遠方から見ると、この世の人とは思われず、神女が降臨したかと身も魂も奪われてほれぼれとするほどであった。聡明怜悧なことは男まさりで、宦官が政務を後主に取次ぎに出ると、貴妃は後主の膝に抱かれながらいっしょに聞いており、宦官が忘れたことでも貴妃はちゃんと覚えていて助言するという有様、あらゆる点で後主は貴妃に一目おいていたので、やがて貴妃の勢力は政府の中にまで及び、大臣の進退までが貴妃の言によって左右されるまでになった。

いったい南朝四代のうちで、陳の領土が最も狭く、揚子江の北岸は全部隋の領土に合併され、ただ南岸を領有しているにすぎない。それにこのような道楽な天子の遊興では、どんなに費用を提供しても限《き》りがない。政府の財政は宮殿の造営やら、奢侈品の製作やらで赤字が累積してくる。結局それは民間から徴収せねばならぬので、いろいろな名目の新しい税が創設される。またそれに乗じて官吏が私腹をこやすので、人民はいよいよ塗炭《とたん》の苦しみである。これに反して隋の領土は、これまでの北朝のいずれの王朝よりも広くなっている。こんな有利な形勢に乗じて、南朝を一挙に滅ぼしてしまわなければ、そのうちにまた情況が一変しないとも限らないのだ。

文帝はいちばん信任している高熲《こうけい》と楊素とを呼んで相談した。さらに慎重を期して、今は閑職についている李徳林にも意見を聞きにやった。いずれも南伐に賛成である。そこでそれぞれの部署を定めた。楊素は水軍の総司令に任じられ、揚子江の上流、三峡の険を上ったところにかくれて軍艦の建造に着手する。大艦隊が揚子江を下り、要所要所を押えておけば、南朝の領土内の交通は麻痺してしまい、地方から救援の軍隊が国都に馳《は》せ参じようとしても動きがとれなくなる。

高熲は陸軍の総司令となり、南朝の国都の建康《けんこう》、今の南京《なんきん》の北岸に軍隊を集めて進攻の準備をする。その下の大将のうち最も重要な任務を与えられたのは、賀若弼《がじゃくひつ》と韓擒《かんきん》虎《こ》とである。賀若弼は広陵、すなわち揚州に兵を集結し、揚子江を渡ってまず南朝の前線基地京口《けいこう》を攻め、そこから南京へ攻め上る。韓擒虎はもう少し上流から渡江して下流に向って南京を攻め、両軍ではさみうちにしようというのである。そしてこの海陸の大軍の最高司令官に任命されたのが、晋王楊広であったのである。

このうちでいちばんむずかしい任務を引き受けたのが賀若弼である。それは対岸に京口という南朝の重要軍事基地が控えているので、それと気づかれないようにうまく揚子江を渡るには、よほどの手腕がいる。そこで彼は秘密に新しい軍艦を建造すると同時に、軍中の老馬を整理して民間に払い下げ、その金で老朽した民船を買いこんだ。これを兵営のまわりに並べておくと、南朝から派遣されて入りこんだスパイは、こんな船では何の役にも立ちそうにないと、帰って行って報告する。次に賀若弼は本部と地方出先とのあいだの軍隊の入れ換えを、わざと鳴物入りで華々しくやる。最初は南朝のスパイが、それ戦闘準備だと、至急報で知らせてきたが、しばらくしても何の音沙汰もない。こんなことを何べんか繰り返すと、羊守りの少年の狼が来たと知らせる話のように、南朝方の軍隊は慣れっこになって、いっこうに驚かなくなってきた。そのうちに新鋭の軍艦もでき上がり、今は命令一下を待つばかり、すぐにも出動できる態勢が整ったのである。

揚子江の北方では、このような戦闘準備が着々と進行しているにもかかわらず、南朝の君臣は少しもそれと気づかず、相かわらず、いとも暢気《のんき》に構えていた。いな、暢気なのは天子を頭《かしら》とする政府の中心部だけであって、一般の人民や、中下の官僚はかえって、北方からの重圧がひしひしと加わってくるのを、身をもって感知していた。ただ、それを誰も公言するものがなかっただけである。最後にたまりかねて、天子に上書して国家の危険を警告するものが出た。身分のあまり高くない家から出た官吏で章華《しょうか》という人である。南朝ではどんなに学問ができても文才があっても、名家の出身でなければ官界へ出ても相手にされない。かえって章華のように才能があると、みながそれを嫉《ねた》んで力をあわせて排斥し、いちばん賤《いや》しめられている地位につけて腹いせをするのである。章華も太市の令という、中央市場の監督官に任命された。文学とは無縁な、いちばん低俗な役目である。しかし市場というところは、最もよく四方の情報がキャッチできる場所である。章華はとうとう我慢できなくなって、

「隋の大軍は今や国境に集結して圧力を加えていますが、わが国内では役に立つ老臣宿将はすべて閑地に追いやられ、心のねじけたろくでなしが朝廷にはびこって政治をわがものにしております。このさい政治を一新なさらなければ、やがて国都は野獣の住家《すみか》にならぬとも限りません。」

と激越な調子で上書して後主を諫めたものだ。後主はこの時に限って大いに立腹し、即日、章華を死刑に処してしまった。こんなことがあってから、いよいよ官僚は口をつぐんで、忠言を進めるものがなくなった。

隋軍は開皇八年（五八八年）の年の暮になって急に行動を開始した。さすがに悠長な南朝の政府首脳部も、揚子江上流各地から櫛《くし》の歯をひくような頻々《ひんぴん》としての報告に迫られて、何らかの対策を協議せざるをえなくなった。しかもその期に及んでなお、軍隊に動員令を下すことは来年になってからにしたいという議論が勝ちを占めた。それは元旦の儀式を平穏に盛大にすませたいからであった。そして銘々が口先だけで大言壮語しあって、しいて心中の不安を押しかくそうとした。天子がまず、

「昔からこの地には王気が栄えている以上、人間の力でどうすることもできぬはず、それが朕の世になって衰えるようなことは信じられない。」

といえば、大臣の孔範はそれに相槌《あいづち》を打ち、

「そうですとも。揚子江は天が造り成せる江南の防御線です。昔から北方の勢力が南方へ侵入してきても、いつでもここで喰いとめられて、いまだかつて突破された先例はありません。どうも近ごろ、前線の将兵たちは戦功に対しての褒美がほしさに、何でも大袈裟に事態を誇張して報告してくる傾向があって困ります。敵軍に羽が生えて飛べぬ以上、どうしてこの揚子江が越えられるものですか。もしも万一、そんなことができましたら、このわたくしにお任せください。その時こそわたくしが手柄を立てて三公の位につけていただく時でしょう。」

と大言を吐いた。誰かが、どこから聞いたのか、

「敵の軍馬はみな斃《たお》れて、軍隊が動けなくなっている。」

という噂《うわさ》が立つと、孔範はいよいよ得意になって、

「それは惜しいことをしたものだ。今は敵軍の馬といっても、おっつけわれらのものになる馬だったのに。」

と、力《りき》んでみせた。天子はそんなうまい言葉を聞いてすっかり悦にいり、軍隊を増強す

るでもなく、毎日宴会を催し、詩を作り酒を飲んで打ち興じていた。後主はこういうとき、いつも張貴妃に舞をまわせ、その音曲にあわせるために、とくに玉樹、後庭花などの歌詞を作らせた。宴会はいつも夕方から始まって、翌朝まで続くのが普通であった。この年の大晦日《おおみそか》の夜は、例年と少しも変ることなく、盛大な忘年会が催され、後主は酔いつぶれて、翌朝元旦の朝賀式に百官が宮中に参内して、天子の出御を待っていることも忘れ、夕方まで眠りこけていた。

こんな状況は、揚子江北岸に集結していた隋軍には、いちいち手に取るように報告されていたに違いない。賀若弼と韓擒虎の両部隊は、わざと元旦の日の油断をねらって敵前渡河を決行したのである。すると南朝では、天子も天子ならば、軍隊も軍隊である。正月酒に酔いしれて、物の役に立つものとてなかった。賀若弼は東北から、韓擒虎は西南から、揚子江岸に沿って都の建康に攻めよせると、南朝の駐屯部隊は風を望んで潰走《かいそう》した。

陳の朝廷へ敵軍渡江の報告が入ったのは正月二日のことであり、翌三日にやっと公卿を呼び集めて評議した。防禦の手配を定めて、命令だけは下したものの、それに従って行動に移る準備はまったくできていない。そうこうするうちに隋軍はじりじりと都へ向って近づいてくる。結局、都城に立てこもって、近衛軍だけで防戦するよりほかはなかった。そしてその期に及んでも、まだ文官と武臣とのいがみあいがあり、指揮系統が入り乱れ、各人が勝手に、ばらばらな行動をとるよりほかなかった。

そんな状態であるから、まず都に到着した韓擒虎の軍が攻撃をしかけると、南朝の防衛隊はいっぺんに突き崩されてしまった。こういうときには敗けるほうに、思いがけない現象が起こるもので、平時は羽ぶりをきかせて天子のおん覚えの厚かったものがいち早く敵に降参するかと思えば、いつもは天子から、冷遇され、いっこうに人気のなかった官吏のうちで、ずいぶん危険を犯してもやるだけのことをやるものもいる。

隋軍が宮中に攻めこんでくると、百官はみな奔走して、天子のそばには袁憲《えんけん》など数人が残るのみであった。天子は袁憲に向って、

「今になってやっとわかったが、人間というものはわからないものだな。朕はこれまで卿《けい》を待遇するに、少しでも手厚くしたとは、自分ながら、義理にもいえたものではない。ところが最後まで残ってくれそうだと思う人間は、みな逃げうせてしまった中に、卿が残ってくれようとはまったく思いもかけなかった。これひとえに朕の不徳の致すところだ。とはいうものの、南朝貴族のプライドはいったいどこへ消えてしまったのか、それがいまいましくてならぬ。」

と、しみじみと述懐した。袁憲は天子に向い、

「臣下は臣下ですが、陛下だけは天子のプライドをなくさぬようになさいませ。前に梁の武帝は敵軍に攻めこまれたときも、さすがに最後まで天子の威厳を保ちました。陛下も衣冠をととのえ、高御座《みくら》におすわりになって敵軍をお待ちになるがよろしい。」

と忠告したが、後主はそれどころではない。何よりも張貴妃や美人たちのことが気がかりなのだ。

「朕は武器をもった敵軍と渡りあうのは苦手だ。朕には朕の考えがある。ほうっておけ。」

と、今度もまた袁憲の言葉を退け、袖をふりきって後宮へ駈けこんだ。どうするかと思うと、後園内の井戸の中に入ってかくれていようという妙計だった。近習《きんじゅう》のものもこれには呆れはて、身をもって井戸を蔽って妨害しようとしたが、後主はそれを追い払って、ひとまず井戸の中へ入りこんだものである。

　隋の韓擒虎の軍隊は宮中に乱入して、掠奪暴行を働きながら、後主を探し求めたが、そのうちに後庭の中の井戸にかくれていると知らせるものがあった。軍人は井戸の中へ向って、「出てこい。」と叫んだが答がない。最後に「出てこなければ石を落すぞ。」と脅かすと、後主ははじめてびっくりして、「助けてくれ。」と返事をした。そこで長い綱を下ろしてやり、それにつかまらせて引き上げると、その重いこと。ところがいよいよ引き上げて見ると重いはずだ。後主のほかに張貴妃と孔貴人の二人の美人がいっしょに綱につかまって出てきたのだ。

韓擒虎の軍に続いて、賀若弼の軍も都へ入ってきた。すぐそのあと、総司令官の高熲も到着する。その高熲のところへ、晋王の楊広から使者がやってきた。ぜひ張貴妃を探し求めて保護しておいてもらいたい、という申入れである。高熲にはすぐその意味が読めた。

「昔から美人は国を滅ぼす原因になるというが本当のことだ。南朝の先例をわが国に持ちこまれてはかなわない。」

高熲はすぐ張貴妃を引き出して斬り殺させた。そのあと入城した晋王はそれを知って血相をかえて怒った。

「よし見ておれ。この仕返しはきっとしてやるぞ。」

こうして南朝の陳は滅びた。数えてみれば南北朝の以前、五胡の時代からすでに中国は南と北とに分裂しており、それが三百年近くも続いてきたのであるが、やっとこの時に再び合併されたのである。まさに中国政治史上の一大事件であった。

このさい隋軍の中で第一の殊勲者は韓擒虎である。ところが、これはむしろ運がよかった結果で、ほんとうに実《み》のある戦争をしたのは賀若弼であった。賀若弼の軍隊は有力な南朝軍の抵抗にあい、それを打ち破るために、入城は韓擒虎に先を越されてしまったのである。これから後、二人の大将は事あるごとに、この時の戦功について自慢しあっては喧嘩した。文帝は二人に対し、優《まさ》り劣りのないように、平等な恩賞を与えて、争論を仲裁した。

同じような関係は、高熲と楊素の二人についてもいえる。高熲は賀若弼と韓擒虎の上級総司令として、南朝攻略の当面の責任者であった。ところが、楊素は水軍を指揮して、揚子江上を制圧し、南朝軍隊の移動を封鎖したので、その骨折りは大きかったが、直接に国都占領に関係しなかったから、その努力はどうしても陰にかくれてしまう。そこで楊素は大いに高熲に対する敵対意識を燃やし、事あるごとに相手を栄光の座から引きずり下ろそうと努めるのであった。

ところで、今度の出征の最高指揮官は晋王の楊広である。実際は何もしないで、すべては輔佐役の高熲がやったことであったが、それにしても指揮官は指揮官である。晋王が捕虜や鹵獲品《ろかくひん》を護送し、軍隊をひきつれて威風堂々と国都長安に凱旋すると、父の文帝は大満悦であった。晋王を三公の位に上せ、車馬と衮冕《こんべん》の服を賜わってその功を賞した。

晋王の威名が高まることは、母の独孤皇后にとっても、この上ない満足であった。

六　奪嫡の陰謀

文帝の独孤皇后は非常に嫉妬深いたちであった。中国の古い道徳では、嫉妬は婦人にとって最大の悪徳と考えられ、あまりにその度がひどいときには離婚の理由になるとさえ考えられていた。それで中国の歴史家は誰も、この独孤皇后の嫉妬に賛成せず、かえって国を滅ぼすに至った原因の一つにさえ数えあげている。

独孤皇后は夫の文帝に対して嫉妬したのみならず、臣下の家事にも立ち入って嫉妬したという。官僚の家で妾が懐妊したという話を聞くと、すぐ不機嫌になり、文帝にすすめて免職させた。文帝が最も信任していた大臣の高熲《こうけい》もその禍いにかかったひとりであった。

高熲が六十歳になったころであろうが、永年つれそった夫人を亡くした。独孤后が文帝にすすめて、「高熲が不自由で困っているだろうから、後妻を世話してあげなさい」といった。文帝がその旨を伝えると、高熲は懸命に辞退して、

「私はもうご覧のとおりの老人でございます。朝廷から家に帰って、ただ精進して仏経を読んでいるだけでありります。陛下の思《おぼ》し召しはまことにありがとうございますが、今さら再婚などは考えてもおりませんので、何とぞお許しを願いとう存じます。」

と、涙を浮べて懇願したので、文帝はそれ以上べつにしいることはしなかった。ところが、しばらく時をへて、高熲の愛妾が男の子を生んだものだ。文帝がそれを聞いて大喜びで後宮に帰って独孤后にその話をすると、皇后ははなはだご機嫌斜めである。

「陛下は前に高熲が何と申したか記憶しておられるでしょう。高熲が妾を可愛がろうとどうしようと、それはかまわないことですが、そのために陛下をあんなにちょろちょろ欺《だま》したではありませんか。何という人間でしょう。今その嘘《うそ》がすっかり露見したのに、陛下がまだ信用なさるお気持がわかりません。」

とたきつけた。言われてみればなるほどそのとおりだ。いわば天子を欺したことになるのだ。それから文帝の高熲に対する態度はだんだん冷淡になってきた。

　ところが独孤后が高熲を嫌い出したのは、ほかにもいろいろな原因がある。高熲が独孤后を、「ただの一婦人」といったことは前に述べたが、そのほかにもっと重大な理由

がある。それは独孤后が長男の皇太子を憎んで、次男の晋王を可愛がり出したのであるが、高熲はその子の高表仁《こうひょうじん》のために皇太子の娘を娶《めと》っているのである。文帝・皇太子・高熲、この三人ががっちりスクラムを組んでいる限り、皇后や次男やは所詮、その周囲に浮動する第二次的な存在にしかすぎないのだ。

それなら独孤后がなぜ皇太子を嫌いになったかといえば、それも皇后の嫉妬のせいだといわれる。皇太子は当時の貴族社会の青少年の例にもれず、女色を好み、寵愛を受けるものが多かった中に雲氏が最も気に入られ、同時に勢力を張っていて、かえって正妻の元氏が疎《うと》んぜられ、ないがしろにされていた。そのうち、元氏が心臓病で二日間苦しんだ揚句、死んでしまったので、これは雲氏の毒手にかかったのではないかという評判が立った。独孤后は、その風聞を聞いて、皇太子を呼びよせ、きびしく説教したが、皇太子はいっこうに相手にせず、改悛の情を表わさない。独孤后は雲氏を憎むとともに、皇太子をも憎むようになったのだという。

独孤后の感情がこの方向に固定してしまうと、その影響を受けやすい文帝の心持もしだいに動いてきた。あるとき、文帝の宿衛の兵士陣を強化するため、皇太子の衛士《えいし》のうちから、身体強壮なものを選抜して、天子の宿衛に移した。これに対して高熲が異議を唱えた。あまり多くを引き抜かれると、今度は皇太子の警固が手薄になりすぎる、というのである。文帝は高熲が皇太子の姻戚《いんせき》になったために、かばい立てするものだと邪推して腹を立てた。

「天子というものは、いつも公式の鹵簿《ろぼ》を列《つら》ねて宮中から出かけて行く機会の多いものだ。したがって警固の士には屈強な武士を多く必要とする。皇太子はこれという仕事をもたぬ。宮中で学問に励み、徳を養っておればそれでよいものだ。皇太子に対する警固は、天子の宿衛が兼ねて行なうのがほんとうなのだ。何もこれまでの仕来りに拘泥する必要はない。」

とたしなめた。

　すでに天子と皇后の意向が揃って高熲に不利に向いていることがわかると、朝廷の官僚の中にはその意を迎えて、あることないこと、高熲の悪事を摘発するものがでてくる。

　高熲が文帝の末子、漢王諒《りょう》に従って、モンゴル地方の突厥《とっくつ》族を征伐に行ったとき、兵を率いて深く砂漠の中へ進出し、なかなか帰ってこなかったことがあった。天子の側近の中に、高熲は必ずそむいて突厥に降参したに違いない、と告げ口するものがあった。文帝がそれを聞いて疑っているあいだに、高熲は敵を破って手柄をたてて帰ってきたからよかった。ところが高熲は名目的な総司令官の漢王諒が経験の少ない少年なので、戦略を相談しても、少しも漢王のいうことを用いない。漢王は心中不平でたまらない。帰

ってくると、独孤后のところへ行って、

「高熲は軍中で全権を握って専横をきわめました。わたくしさえ、もう少しで高熲に殺されかけたのです。」

と訴えた。独孤后からこの話を聞くと、文帝もまた高熲の専断を警戒せねばならぬと考えるようになった。

隋の開国の功臣の一人である将軍、王世積《おうせいせき》が讒言《ざんげん》によって殺されたことがある。それを取り調べて行くと、宮中の秘密が民間に洩れていることがわかってきた。王世積は高熲と親しく、高熲はその子、皇太子の女婿《じょせい》にあたる高表仁から聞き出したに違いないと嫌疑をかけられた。高熲は、さらに王世積から名馬を贈られたこともあり、大罪人と仲よくしていた高熲にも罪があると弾劾《だんがい》するものも出てくる。文帝は高熲のすべての官職を奪い、たんに斉国公という爵だけを残して蟄居《ちっきょ》を申しつけた。

文帝は猜疑心の強い天子であったので、この天子を怒らせようと思えばわけのないことであった。高熲の家令が一大事を申し上げますと訴え出ていうには、

「高熲の子の高表仁が蟄居中の父のところへ行って、奇怪な言葉を吐きました。昔、司《し》馬仲達《ばちゅうたつ》は大臣を免職されて蟄居していたが、ついに革命を起こして天下をとりましたから、お父さんもべつに心配することはないというのです。これはまるで謀反をすすめ

るような言葉です。」

というのである。文帝は高熲を裁判にかけて事実を取り調べさせた。すると今度は裁判官が新事実をつけ足した。

「高熲は予言者の僧尼を近づけて、自分の運命を占わせて喜んでいます。ある僧は、来年には今の天子が亡くなるに違いないといい、ある尼は、今の天子の在位は十七年か十八年、長くても十九年をすぎない、といって高熲を喜ばせました。」

というのである。あるいは文帝がわざとこんなことを言わせたのかもしれない。裁判官は高熲を死刑に処したいと申したてたが、文帝はわざと、

「ついこのごろ、王世積を殺したばかりのところへ、今また高熲を殺しては、たとえ正当な処分であっても、天下の人の口がうるさいであろう。」

といって、高熲の爵を奪い、一個の平民の身分に落して放免した。高熲はしかし少しも残念がる色を見せなかった。この恐ろしい世の中で、権力に近いものほどその身が危険にさらされていることを、彼はよく自覚していた。これでかえって安全になったと喜んだくらいであるが、それが必ずしもそのとおりに行かなかったことが、やがてわかる時が来る。

高熲の失脚は皇太子にとって大打撃であった。なぜならば、それは高熲自身の問題と

いうよりも、反皇太子派の陰謀がどこかで着々と進行しており、皇太子を倒す前段階としてまず高熲に攻撃を加えて失脚させたのが実状であったからである。そして今や、天子文帝までが反皇太子派の手中にまるめこまれていることが明らかになったのだ。

ここに至って反皇太子運動の組織がようやく表だって、その姿を少しずつ現わすようになった。中心をなすのは独孤皇后と、次男の晋王楊広と、それに朝廷の大臣楊素との組んでいる三角同盟であった。

晋王は兄の皇太子がしだいに父母の信用を失ってきたのを見て、これはうまく行けば自分が代りに皇太子になれるかもしれぬという希望を抱きはじめた。そして父母の寵愛をかちうるためには、皇太子のやることと正反対のことをしてみせるに限ると考えついた。皇太子は年齢から言っても、経歴から言っても、当然の順序として太子に立てられたので、誰にはばかることもなく、思いのままに振舞い、偽善家ぶる必要を感じなかった。大っぴらに奢侈をやってのけ、大っぴらに女遊びをするのであった。それが文帝にも、独孤皇后にも、気に入られない原因であった。文帝は自分が若い時、経済的に不如意なことがあったのを考えると、もったいなくて無駄な奢《おご》りはできない性質である。そこを見抜いた晋王は、父母に気に入られるよう、気に入られるようにと、振舞って見せた。じつは、ただ振舞って見せるだけであったが、親というものは、結構それで欺されるものだから不思議である。

晋王は独孤后が嫉妬深い女権拡張論者であることを知っているので、表面上は正妻の蕭《しょう》氏のほかには婦人を近づけぬ風をしてみせた。ただし実際は必ずしもそうでなかったので、後庭の婢妾《ひしょう》が懐妊すると暗から暗に葬ってしまって生育させない。独孤后はそんなこととは知らないので、晋王はどこまでも品行方正な王子だと思いこんで、一辺倒に信用してしまったのである。

文帝や独孤后から使者が来たときなどは、晋王は蕭妃と二人で下へもおかずに取りもつのであった。必ず門口まで迎えに出て、さんざんご馳走ぜめにした揚句、たくさんの土産《みやげ》を与えて、また門口まで送り出す。使者はすっかりいい機嫌になって、復命するさいには、口をきわめて晋王の仁孝なことをほめそやす。子供のことをよく言われると、誰も悪い気持はせぬので、文帝も独孤后も目を細くして喜んだ。

ある時、文帝は独孤后とそろって晋王邸を訪ねたことがある。この時とばかり、晋王は一世一代の知恵をしぼって両親を喜ばせた。まず若い美人や、ぜいたくな調度品は全部、別棟の部屋に閉じこめてかくし、人目につかぬようにしておき、老婦醜女だけをとどめ、わざと粗末な衣服を着せて給仕に出す。カーテンや敷物も模様のない単色の生地《きじ》である。琴やバイオリンを見ると、絃《げん》がきれたまま塵埃をかぶっている。これは長いこと宴会も舞踏会も開いたことのない証拠である。両親はこれを見てすっかり喜んでしまった。宮中へ帰ってからも、それを近臣に話して自慢したほどである。一方では皇太子に対する不信感がだんだん強まるにつれ、他方では晋王に対する希望がいよいよ増してくる。迷信家の文帝は、そこで人相見に相談しようとした。当時いちばん上手《じょうず》だという評判の高い来和をひそかに呼びよせ、王子を一人ずつ訪ねて人相を見させたものである。こういうさいに、易者とか人相見とかいうものは、えてして自分が与えられた対象よりも、それを頼んだ依頼者の気持をまず占いあてようとつとめるものだ。来和は上層階級に出入りしている男だから、文帝の意向を知らぬはずはない。あるいは晋王の手がちゃんとまわっていたのかもしれぬ。

「晋王の人相をうかがいますと、眉の上のところの骨が高く盛り上がっております。これは人間のうちでこれ以上ないという貴人の相でございます。」

と報告した。実際、晋王は容姿が美しく、頭脳が明瞭で、学問もよくでき、文章を作らせてもうまい。それでいて態度が謙遜で、官吏に面接するにも至って腰が低いので、こんな若人《わこうど》は当時にあっては、まれにしか見られぬ得がたい存在だ。彼の評判は官界においても断然よい。

晋王が揚州の総管という肩書で、南方の駐屯部隊の司令官に任命されたことがある。

いざ出発というまぎわに、独孤后の許へ暇乞《いとまご》いに行ったが、帰りがけに平伏したまま、名残り惜しげに涙を流して動こうとせぬ。皇后のほうでも、この気に入った息子を遠くへ手放したくないので、涙ぐんで抱きおこしてやる。ここぞと晋王は愁嘆場を演じて見せた。

「わたくしのほうとしては兄上に対して、ずいぶん気をつかって仕えているつもりですが、わたくしの好意はいっこうに受け入れてもらえません。わたくしは何という愚かものなのでしょうか。いつも兄上に叱られどおしなのです。その上に世の中には讒言が絶えません。まさか兄上がそんな言葉を信じられようとは思いませんが、しかしどんなはずみで何ごとが起こるか存じられません。そこでわたくしはいつも、母上にお目にかかれたときが、そのまま長いお別れになってもよいと覚悟しているものですから……。」

と涙をぬぐって立ち上がると、独孤后はおしとどめ、

「このごろ、わたしも世間の噂を聞かぬではありません。やっぱり兄の意地悪はほんとうでしたか。あれにはわたしは元氏というよい嫁を娶《め》あわせてやりましたのに、こっちのほうには振りむきもせず、あの、どこの馬の骨だか知れぬ阿雲に首ったけです。何という見ぐるしいことでしょう。前に正妻が毒殺されたときに、わたしはそれは風聞にすぎぬと思って取調べもしませんでした。それをよいことにして、今度はおまえのほうに

まで手を伸すとは。このわたしの目の玉がまだ黒いうちに、もうそんな不心得な気を起こすなら、死んだ後はいったいどうなることでしょう。いったい皇太子ともあろうものが、前妻の死んだあと、いつまでも正妻を立てぬという法があるものですか。わたしたち夫婦が亡くなったあと、あの阿雲が皇后に立てられて、おまえたち兄弟が揃ってその前へ出て最敬礼せねばならなくなると思えば、わたしはもういても立ってもいられなくなるのです。」

と、思わず本心を打ち明けてしまった。晋王は再拝して涙にむせびながら退出すると、皇后はその後姿を見送り、胸をかきむしって、くやしがるのであった。そして晋王に胸のうちを打ち明けた以上、いよいよ決心して皇太子を廃嫡《はいちゃく》する企てを決行しなければならないようになってきたわけである。

さてこの計画を実行するには、どうしても朝廷の大臣の中に同志を求めなければならぬ。ちょうどその適任者として浮び上がったのが楊素という人物である。晋王は前からしばしば楊素と行動を共にしたから、ある程度親しい間柄であるが、奪嫡の陰謀に加担させようというには、特別のルートをたどって、一種の攻守同盟を結ばなければならぬ。もし成功した暁には、楊素を朝廷の大臣としていつまでも重用してやるから、楊素も晋王擁立を極力応援する、という密約をしておく必要がある。さいわい晋王の親友に宇文《うぶん》述《じゅつ》というものがあり、この宇文述は楊素の弟の楊約《ようやく》と最も親しい。楊素は弟の楊約を信任し、どんな秘密のことでも相談し、相談した上は、たいていその意見に従うという評判である。そこで、晋王はまず宇文述を使って楊約と連絡をとらせた。

こういうさいに中国で古くから用いられる方法は、博奕《ばくち》にかこつけて賄賂《わいろ》を送るというやり方である。宇文述は楊約を誘って、博奕をうったが、立てつづけに敗けて、莫大な金銀財宝を残らず取られてしまった。楊約は気の毒になって、

「ほんとうにこんなに負けられて、あとで後悔なさるのではありませんか。」

というと、宇文述は、

「いやかえって喜んでいるのです。じつは晋王が貴殿とお近づきになりたいと仰せられ、只今差し上げた金銀は全部晋王からお預り申したものばかり。もしも貴殿が一度晋王邸に伺候されましたら、わたしはそれで、もう責任解除になるのです。」

と答える。それはまたどういう理由か、ということになって、宇文述は晋王の奪嫡の陰謀を打ち明けて助力を求めたものである。

「天子も皇后も、すでにその気になっておられる。ただそれを実行することを躊躇《ちゅうちょ》しておられるのは、官僚陣から反対が出はせぬかと心配されてのことだ。むしろ官僚の中から進んで廃嫡の意見が出ぬことをもどかしく思っておられるのが実情だ。天子はもう

お年も高い。次に誰が天子になるかを見きわめて、今のうちに手を打っておかなければ、天子の代が変るさいに、今までは飛ぶ鳥おとす勢いの大臣が、不埒《ふらち》者めとただ一言のもとに首をはねられるのは、よくあることだ。貴殿の兄弟の助力さえあれば、この計画は九分九厘まで成功することは疑いない。」

と説きつけた。楊約は兄の楊素を訪ねてこの計画を告げると、楊素は喜んで二つ返事で承知した。しかし、用心深い楊素は、なお独孤皇后の真意を探ろうと思い、宮中の宴会のさいに、皇后に近づいて、

「王子さまたちの中で、晋王さまがいちばん陛下に似ておられますな。」

と小声で話しかけると、皇后はわが意を得たりと、

「卿《けい》もそう思われますか。ほんとうにそれはそれはやさしい子なんです。その妻もまた気だてのよい女です。それがどういうものか、兄の気に入らないでわたしは心配でたまらないのです。その妾の阿雲がいやはや、とんだあばずれ女で、太子をたきつけては両親にも弟にも仲違いさせるように企んでいるんですから。」

と本心を洩らしたので、楊素は安心して、そのあとについて太子の悪事をいいたてた。しばらくして皇后は、大金を楊素の許《もと》へとどけて、廃嫡の陰謀を推進するように頼みこんだのである。ここに独孤皇后・晋王・楊素という三角同盟が成立したのだという。

事実、楊素としては晋王のほうから誘われないでも、廃嫡の運動を起こしたいところであった。それは楊素はこれまで、いつも高熲を競争相手と意識して行動してきた。その高熲が文帝の機嫌を損じて失脚したのはよいが、高熲は皇太子と姻戚関係で結ばれている。いわば皇太子派の最有力者である。そこでもし皇太子が即位ということになれば、朝廷の形勢はたちまち一変し、高熲が大臣に復活せぬとも限らない。そうしたさいには今度は楊素が失脚する番になる。それもただの失脚ではすまぬかもしれぬ。なぜならば、そこには報復の意がこめられるに違いないからだ。

晋王は皇太子の側近、姫威《きい》なるものを買収して、つねに皇太子の動静を探らせ、いちいちそれを楊素に報告させた。皇太子にはもとより弱点が多いので、それが朝廷の官僚のあいだに流布《るふ》されると、ますます評判が悪くなる。そのいくぶんかは自然、文帝の耳にも入るのは免れない。

さんざんに姫威から情報を徴した揚句、時期が熟したとみた晋王は、今度は姫威に脅《おど》しをかけたのである。晋王の近臣が姫威に向い、

「皇太子の不徳はだんだんと陛下の耳にも入り、陛下は今や真剣に皇太子を廃嫡するお考えをお持ちのことを貴殿はご存じか。もし陛下のほうから先に発議されて皇太子を査問に付せられるようなことになれば、貴殿たちは当然、役目怠慢のかどで、どんな極刑

に処せられるかもしれぬ。しかし、ここでもし貴殿から進んで皇太子の不行跡を告発されたなら、罪が消えた上に、なお厚い褒美を賜わるに違いない。決心するなら遅れないうちに今ですぞ。」

と半ば脅迫しながら勧告した。姫威は今となっては後へ退けない。天子に上書して皇太子に謀反の企てがある、と訴え出たのであった。

皇太子にはもとより失徳が多かったが、クーデターまでを考えたことはなかったらしい。そこで文帝は、皇太子を査問するために特別の裁判所を設け、楊素を責任者として取調べに当らせたが、皇太子は謀反の件に関しては最後まで承認しなかった。しかし悪いことに太子側近の姫威という生きた証人がある。その上に裁判長が楊素だから、いよいよもって助からない。とうとう皇太子は天子を亡きものにしようと計画したという大逆罪がでっち上げられたのである。

開皇二十年（六〇〇年）の十月、文帝は宮中の武徳殿に百官を召集し、皇太子を御座の前へ引き出した。皇太子は文帝から召喚の使者が来たと聞くと、顔色を失って、ががた震えながら、

「わたしは殺される、わたしは殺される。」

と叫んだ。しかし文帝は百官の並みいる前で詔を下し、皇太子を廃し、その子供たちの

爵位を全部とり上げて庶民の位に落すにとどめた。廃太子は再拝して、

「この不孝者は重いお仕置きにあって、世間の見せしめにされると覚悟しておりましたが、ご憐憫《れんびん》をこうむって一命を助けていただきました。ありがたくお礼申し上げます。」

と言いながら泣き伏し、やがて立ち上がると、型のごとくにひと舞いの礼式をすませて退出した。並みいる百官はしゅんとして、すすり泣きの声が聞えた。

　文帝もさすがに悲しくなった。皇太子はもともとそれほど不肖の子ではなかったのだ。これは側近に誤られた結果だと、そのうちの主だった七人を斬罪に処し、妻子を官に没して奴隷にした。これはまったく見当違いの処罰ともいえなかった。前に皇太子の側近に任命されながら、皇太子の不興をこうむって逃げ出した硬骨漢、李綱《りこう》のような人間もあったのだ。この李綱は文帝に向って、

「これはそもそも陛下が悪い。陛下が任命された太子の側近どもは、いつも太子が宴会を開くと、いっしょになって隠し芸を披露するような、不見識な人間ばかりではありませんか。」

と喰ってかかると、文帝は困って、

「いや太子が悪かったのだ。朕は卿《けい》のような正人を側近につけてやると、太子は煙たがってそれを追い出し、小人ばかりを近づけたがったのだ。」

と弁解するが、李綱はなお満足せず、

「それは、悪い奴らをすでに側近にはびこらせておかれましたので、わたくしどもは近寄ることさえできませんでした。早くああいうおべっかものを処分なさるべきだったのです。皇太子は環境によって、良くもなり悪くもなるたちの方です。今からでも遅くはないのです。もう一度お考え直しを願いたく存じます。」

と臆する色もなく述べたてた。文帝は顔色をかえ、むっとして奥へ引きこんだので、かたわらにいた大臣らはどうなることかと、手に汗を握って心配したくらいであったが、その後数日を経て、副大臣の位が空いたとき、文帝は大臣から人選を請《こ》われると、

「李綱のほかに適任者はない。」

と命令した。

　翌十一月、文帝は次男の晋王楊広を立てて皇太子とした。廃太子の身柄は、新太子の許に預けられた。廃太子は、謀反などはまったく身に覚えのない濡れ衣なので、これだけはぜひ天子に直接申し立てて弁明したいと頼んだが、新太子はいつもそれを妨害して通じさせなかった。皇太子のいる東宮は、天子の宮室と続いているので、廃太子は木に登って大声をあげて天子を呼んだ。楊素は文帝に向い、

「廃太子はお気の毒に、つきものにつかれて発狂されたようでございます。もし謁見を

願い出られましても、お会いなさらぬほうがよろしゅうございます。」
と先手をうって、封じこめてしまった。

七　煬帝の即位

文帝は開皇二十年という年が終ると、その翌年を仁寿元年と年号を改めた（六〇一年）。南北朝では天子一代の治世が二十年つづくということがすでに珍しいことであった。ただしその二十年目は、文帝にとって、廃嫡という思いがけない汚点に染められた年であった。さいわい模範青年の聞えの高い新皇太子も立ったので、人心を一新するためにも、翌年の改元を思いついたのであろう。そしてこの改元の年はちょうど文帝の還暦の年にも当る。当時は人間の平均寿命が短かったから、本卦《ほんけ》がえりということはすでに長寿の部類に属したが、さらに幾世も命永かれと、仁寿という佳名を年号に選んだのであった。

ところがその翌仁寿二年、文帝を裏面から支えながら操縦していた独孤皇后が病死した。皇后は男まさりの女丈夫であった。文帝は今の言葉でいえば恐妻家であった。皇后のいうことは何でも聞いた。また文帝のほうから、政治上のことでも、進んで相談してその意見を求めるのが常であった。そして独孤后の意見は大体において肯綮《こうけい》に当っていたから、いわゆる賢婦人に相違なく、文帝の功業の一半は独孤后に帰せらるべきであろう。

しかしその半面、「女賢《さか》しゅうして牛を売り損う」という傾向もないではなかった。文帝の政治にはしばしば行き過ぎが見られた。前王朝の一族に対する悲惨な迫害などは、実際上の必要よりも、むしろ迷信に乗ぜられた傾向があった。朝廷の官僚に対し、人使いが荒い割合には恩賞が薄く、また終りをよくしなかった。このような文帝の失政と見られる面についても、おそらく独孤后はその責を辞することができなかったであろう。しかし独孤后の最大の失敗は、家族内の不和を激成した点にある。

文帝は皇后のために墓地を求めて、易をよくする蕭吉《しょうきつ》というものに地を選ばせた。この墓地は、やがて文帝も死ねばいっしょに葬られる山陵になるのである。中国では祖先を葬る墓地の吉凶が直ちに子孫の運命に影響し、それによってあるいは子孫が繁栄したり、絶滅したりするのだと信じられている。ところが、蕭吉が墓地を占うという話を聞いた新皇太子が、こっそり蕭吉を呼びよせて、こう命令したものだ。

「君が占いの名人であることは、前にわたしを占ったとき、将来必ず天子になると言ったことで半分は実証されたことになる。今度は君の予言のあと半分がなるべく早く実現するように骨を折ってくれぬか。早ければ早いほど、褒美は莫大になる。」

「それでは四年ぐらいでいかがです。」

「よし、しっかり頼んだぞ。」

と、とんでもない取引きが行なわれた。そこで蕭吉は、どんな透視を行なったかは知らぬが、その場所へ独孤后を葬れば、四年後には文帝が合葬されることになるという、たいへんな土地を見たてて、それを文帝に進めたものだ。そして何喰わぬ顔をして、

「ここはすばらしく縁起のよい土地であります。ここを山陵にされましたならば、隋王朝の命脈はまず二千年までは動かぬことを保証いたします。」

と復命した。彼はあとで親しい一族に向って、

「わたしは易者の名誉にかけて、どちらへも嘘はついていない。二千年という字をよくよく見てご覧なさい。これは三十年とも読めるでしょう。私の保証したのは、隋王朝は少なくも三十年は続くが、そのあとは知りませんということさ。」

といって打ち明けたという。これはどうも眉つばものだが、最も信用のおける中国の歴史書に書いてあることだから紹介したまでである。

新皇太子は母皇后の喪中においても、いつもの慣用手段を用いて、父文帝の目をくらましたという。皇后崩御という報せを受けると太子はすぐ駈けつけて、文帝や宮人のいる前で悶絶して地にたおれるほど嘆いた。ところが自分の宮室へ帰ってくると、けろりとして飲食言笑、少しも平常とかわらない。台所に命じて、表面上は朝は一すくいの米、夕に一すくいの米を炊かせて食べるが、別にこっそりと裏口からご馳走をとりよせた。それが匂うと他人にわかるから、竹筒の中に詰めて、蓋《ふた》を蠟で密閉し、頭巾《ずきん》に包んで送り届けさせた。

新太子は、第三王子の蜀王楊秀と仲が悪い。それは年がたいして違っていないせいもあり、また蜀王自身にもいろいろ欠点があったことも事実である。文帝は新しい太子を立てた以上、その弟を新太子に服従させるようにしつけておかねばならぬと考えて、はるばる四川省から蜀王を呼びよせた。蜀王は廃太子のことを聞いて極度に警戒し、一度は天子の召しに応じまいと決心したほどであるが、周囲から迫られてしぶしぶ上京してきた。

蜀王の民間を騒がした罪状は、楊素の口から種々文帝の耳に告げられていた。蜀王が長安に到着し、文帝に謁見して挨拶の言葉を述べても、文帝はつんとして一言も口をきかなかった。翌日、使者をやって詰責させたので、蜀王は再び参内して謝罪した。太子や一族が蜀王に代って陳謝して取りなしたが、文帝はきつく反省を求めるために特別の法廷を組織し、いつものように楊素を裁判長とした。ところが蜀王の罪はもともとそれほど根深いものではない。しかしそれでは新太子にとって面白くないのだ。そこで太子はいちばん文帝のいやがっていることで、蜀王の罪を重くしようと企んだ。ひそかに二つの人形を造り、両手を後にまわして縛り、首に枷《かせ》をはめ、足を鎖でつなぎあわせ、心臓に釘を打ちこんだ。その一つには文帝の名の楊堅、一つには弟漢王の名楊諒を書きつけ、

「西の岳慈父聖母よ。願わくはこの二人の生命を召し上げ給え。」

という呪文を記して、これを華山の麓へ埋めておいた。そして楊素がそれを探知したことにして発掘し、文帝の許《もと》へ提出したのである。迷信深い文帝は、それとは知らず、本気になって腹を立てた。楊素が数え上げた罪状の十ヵ条をそのまま採用し、蜀王の官爵いっさいを剝奪し、庶民に下して宮内に拘禁した。この時も輔佐役や側近が、蜀王を諫めず、その罪を増長せしめたという廉《かど》で百人あまりが処罰された。

独孤皇后が死に、蜀王が廃黜《はいちゅつ》されたあと、文帝の私生活が荒《すさ》んできた。恐妻家の文帝は皇后が死んで重い圧力から解放されると、年甲斐もなく、多くの若い美人を近づけた。中でも陳夫人と蔡夫人の二人が最も寵愛をうけた。陳夫人は南朝陳の宣帝の娘であ

り、蔡夫人もまた江南の出身であった。当時の文化は貴族文化であり、それはとくに南朝においてきらびやかに開花したのであった。これに対して華北においては異民族の侵入を受け、武骨者が世上に横行していたため、世情がいちおう安定すると、南方の文化がどっと北方へ逆流しはじめていた。北方人の南方文化に対する憧憬ははなはだ熾烈《しれつ》なものがあって、それはたんに若人のみならず、六十歳をこえた老天子もまた免れぬところであった。

さりながら文帝にとって、長年の伴侶《はんりょ》であった独孤皇后を失った打撃は深刻なものがあった。文帝は元来が孤独な人間であった。何人をも信頼せず、同時に何人からも深くは信頼されなかった。はじめは夫婦と子供だけは永久に固い団結を保って、互いに相信頼することを念じていたのであるが、この期待は次々に、子供のほうから破られてしまった。最後に残るのは、やはり、独孤皇后ただひとりであったのである。その独孤皇后に死なれてみると、自分は世の中でまったく孤立した一老人にすぎないことを、しみじみ感ぜざるをえなくなったのである。

文帝は長所ももちろん多いが、同時に短所をも併せ具えた人間であった。とくに猜疑心の深いことが最大の弱点であった。それが独孤皇后の死、自己の孤立によって、いよいよ深められてきた。すべての人間は自分を裏切ろうと、隙をねらっているような気がした。欺されまい、欺されまいという警戒心が、逆に彼の心情を不安に陥れて、行きすぎた刑罰を乱用するまでに至らしめた。せっかく彼のために働いた功臣でも、つまらぬ嫌疑によって免職されたり、誅殺《ちゅうさつ》されたりするものが多かった。

こういう過酷な刑罰は、官吏、軍隊の心を動揺させる結果を生んだ。いったい隋の王室は、武川鎮軍閥のあいだでは、それほど目立った家柄ではなかった。だから文帝が帝位についたことについては、みなが一時、目を見はって驚いたものだった。さらに文帝が前王朝の一族に対し無慈悲きわまる殺戮を加えたことは、武川鎮軍閥の団結を破壊する裏切り行為として、激しい反感をよび起こした。それを感知した文帝は、なるべく武川鎮軍閥の旧家を敬遠して、新規に中国人を登用して重い委任を与えたのであった。最初には李徳林、続いて高熲、次いでは楊素がその例である。しかし、これも絶対の委任ではなく、最後には楊素もまた権力の座から遠ざけられるのを免れなかった。

相互の不信感が高まってくると、多勢に無勢であるから、負担は天子のほうに重くかかってくるのは致し方がない。文帝はしだいにノイローゼ気味になってきた。喜怒つねならず、といわれるように、感情を制御することができなくなった。一種の強迫観念に襲われ、天子にあるまじき、囮《おと》り捜査を命ずるようになった。地方の小役人に対してまで、そのやり方で、わざと賄賂をとどけて人物をためしてみる。それを受け取るものがあれば、すぐ収賄罪で厳刑に処する。こんなことまでして、自分はまだ人に欺されるようにはなっていないぞと、みずから慰めざるをえなかったのである。

独孤皇后の亡くなった翌々年、文帝は国都長安の西北方に当る岐州にある離宮、仁寿宮へ行幸した。仁寿宮は文帝が南朝を討平したあと、楊素を監督として造営させた離宮である。その落成したとき、文帝はあまりにそれが贅沢すぎるといって楊素を詰責したほどであったが、晩年になるとこの離宮の壮麗なのが気に入って、たびたび都を留守にしてはここで長逗留《ながとうりゆう》するようになった。

この年の行幸は正月中に出かけて、そのまま四月になってしまったところで、文帝は重い病気にとりつかれた。さいわい皇太子が政務に慣れてきたので、万事を一任することができ、こうして悠々と逗留しているあいだに健康を損ねたのであった。六月になってもはかばかしくないので、天下に大赦令を発し、罪人の命をゆるしてその功徳《くどく》にあやかろうと計ったが、それも無駄だった。七月になって、文帝自身いよいよ再起不能と自覚したのであろう。皇太子をよびよせ、大臣たちにひとりずつ握手しながら、ちゃんと訣別の言葉をのべて息が絶えたのだった。

この文帝の臨終の模様は、唐代にできた、最も信ずべき正史とされている『隋書』の文帝本紀によったのであり、これでみると、文帝は長い病気のあと、しだいしだいに痩せ細って、朽木が倒れるように死んだことになっている。ところが同じ『隋書』の中で、列伝の部分を見ると、ここにははなはだショッキングな、奇怪きわまる風説を記している。文帝の死は自然死ではなくて、皇太子によって工作された結果だというのである。話としてはこのほうが面白いので、後世の史書はおおむね、文帝被弑説を採用しており、一般の常識としてもこのほうが広く通用しているようである。

これによると、事の顚末《てんまつ》は次のようになる。文帝が仁寿宮で病気が重くなると、皇太子、楊素、柳述、元巌らが宮中に宿泊して看護につとめた。ところが皇太子はあるとき、人もあろうに、文帝のいちばん寵愛している陳夫人の部屋へ入っていって無礼を働こうとした。陳夫人は必死に抵抗し、皇太子の手をふり払って文帝のところへ逃げてきた。文帝は陳夫人の容姿が乱れ、息づかいのあえいでいるのを見て、その理由を尋ねた。陳夫人が皇太子の所業を告げると、文帝は烈火のように怒り、柳述と元巌とを呼び、

「わが子をこれへ。」

と命じた。柳述らは皇太子を呼ぼうとすると、文帝は、

「間違えるな。廃太子をつれてこい。」

と厳命した。柳述らはその場を去って、長安に拘禁されている廃太子を呼びよせる勅書を作成して発送しようとしたところ、これを聞きつけた楊素はただちに皇太子に報告し、

詔勅《しょうちょく》だと称して柳述と元巌を捕えて未決監に収容した。皇太子の宿衛の兵を動員して、宮門を警固させ、太子の側近の張衡《ちょうこう》をやって文帝の病室の周囲を取り囲んだ。文帝の近侍や宮女をことごとく病室から追い出してしまったあと、張衡の手によって凶行が遂げられた。文帝のうめき声が遠く外部にまで洩れ聞えた。陳夫人は自分もいっしょに殺されるかと顔色を失って震えていた。そこへ皇太子から指輪の贈り物がとどけられた。そして皇太子はその夜、思いを遂げたと、まるで見てきたような話が記されている。話としては非常に面白いが、少し作為の跡が目立ちすぎるようだ。

文帝が死んで九日目にはじめて喪が発表され、皇太子が即位した。これこそ中国歴史上に最大の悪名を残した煬帝《ようだい》その人である（六〇四年）。

煬帝が位につくと同時に、これまで権力の座から浮び上がっていた楊素が返り咲いて、再び朝廷の実権を握った。その弟の楊約は重大任務をもって長安に派遣された。楊約は何より先に文帝の詔勅だと偽り、廃太子に死を賜わったと称して、この気の毒な囚人を縊《くび》り殺した。そのあとで文帝の喪を発し、百官を指揮して新天子の到着を待たしめた。

八月になって煬帝は、文帝の柩《ひつぎ》を奉じて岐州の仁寿宮から、国都の長安へ帰ってきた。煬帝は楊約のやり方をほめて、

「兄の楊素ばかりでなく、弟の楊約もなかなかたのもしい手腕家だな。」

と上機嫌であった。廃太子をもう一度擁立しようとした柳述と元巌は、いずれも官爵を剝奪して平民にした上、華南の辺鄙《へんぴ》なところへ流罪にした。柳述は文帝のお気に入りで、文帝の末娘を妻にしていた。文帝は楊素を権力から遠ざけて後は、もっぱら柳述を相談相手にしていたので、楊素に憎まれていた。柳述が流罪に処せられたので、煬帝は、自分の妹であるその妻を離別させようとしたが、妹は聞かなかった。そして、柳述の帰るのを待ちこがれながら死んでしまった。その柳述も気候の悪い華南地方をあちらこちらと移動させられているあいだに、病気にかかって死んだ。おそらくマラリアだったのであろう。

当時、煬帝の兄弟のうち、皇子らしく重い任務を与えられているのは、末弟の漢王楊諒ひとりだけである。漢王は年がまだ若いので、文帝夫婦にいちばん可愛がられていた。自分の領土から離れて、万里の長城線の防衛基地である并州《へい》に鎮守を命ぜられ、モンゴル地方の遊牧民、突厥《とっくつ》の南侵にそなえていた。彼の配下の部隊には騎兵が多く、天下で最強の兵馬と称せられていた。ところが総指揮官たる漢王が悪いのか、その輔佐役や将領たちが悪いのか、この部隊はついぞ戦功をたてたことがない。そこで文帝としてもこれ以上に漢王を重く用いることもできず、官僚間における評判もあまり芳しくない。文帝の晩年、漢王はその兄弟が次々に官爵を奪われて失意に陥るのを見て、次には自分の番になりはせぬかと恐れた。それをたきつけたのが、滅亡した南朝からの降将たちである。

父の文帝は疑いぶかい人であるだけに、また用心深かった。外部に出て兵権を握っている子供は漢王ひとりだけになってしまったので、皇太子についで第二に頼りにしていた。そこで、もし都に思いがけぬクーデターでも起こって、文帝と皇太子がいっしょに死ぬようなことが万に一つもあったとき、漢王がうっかり都へ呼びよせられて欺し打ちにあっては困ると考えた。じつはこの手で文帝が北周の五王子を一網打尽に討ち取った例が、つい近ごろあったばかりだ。実際に全領土が常時、戒厳令下におかれ、命令が秘密に決定され、秘密に伝達され、秘密に執行される時代にあっては、どんなことでも起こりうる可能性が存在した。だから文帝は漢王を派遣するさいに、ひそかに言いふくめた。

「おまえの地位を動かすのは、この俺ひとりだけだぞ。それも親筆の詔勅に限る。俺の書いた詔勅の勅の字のそばには、点を一つよけいに打っておくから、それを目じるしにするがよい。点のないものは偽物だから用心せねばならぬぞ。」

と秘密な打合せをしておいた。さて煬帝にとって兄弟中でただひとり実権のある漢王は、いわば目の上の瘤《こぶ》である。文帝の喪を発表する前に、これをかたづけておかねばならぬと思ったので、文帝の詔勅を偽造して漢王に送り、漢王を国都長安に召しよせようとした。

漢王は勅書を受け取って点検すると、勅の字のそばに点がついていない。さてこそ怪しいと感じ、ひそかに戦備をととのえながら様子をさぐっていると、文帝が死んで煬帝が即位したという風聞が聞えてきた。その事実をかくして、父の命令で自分を都によびよせようというなら、これは明らかに自分を敵視した行動である。漢王はついに決心して兵をあげ、姦臣の楊素が謀反したから、これを討って君側を粛清するという名で、四方に檄《げき》をとばして同志を募った。しかしこれに先だち、煬帝のほうが早く手をまわしていたため、漢王の指揮下におかれた五十二州のうちでも、漢王方に加担したのは十九州にすぎなかった。

漢王方のある参謀は全兵力を集中して国都長安を衝き、一か八かの勝負に出るべきをすすめたが、漢王にはその決心がつかず、四方に兵を派出して領土を広めにかかった。そのうちで南方に向った主力軍は、黄河の渡河点に当る蒲《ほ》州を首尾よく占領し、長安攻略の突破口を開いたが、漢王は優柔不断で、この好機をみすみす逃してしまった。そのため、せっかくの蒲州も煬帝方の楊素のために奪回されてしまった。逆に楊素はこの道から長駆して并州に迫り、漢王の軍を破ってこれを虜《とりこ》にした。漢王の謀反は死刑に当るが、一死を免じて庶民の資格に落とし、終身を幽囚して自然に死ぬのを待たしめた。

これで文帝の男の子五人のうち、天子となった次男煬帝を除き、長男の廃太子は煬帝に殺され、三男秦王楊俊は妻に毒殺され、四男蜀王楊秀は文帝の怒りにふれて庶人に落され、いままた漢王楊諒が幽閉され、揃いも揃ってみじめな境遇に落ちたものである。これももとはといえば、文帝の家庭教育の失敗からくるものであるが、それと同時に、当時の社会環境、とくに不自然な権力構造のゆがみによるものであった。

しかしながら、いろいろな弱点があるとはいえ、文帝はやはり明君であるに違いなかった。混乱を重ねた南北朝分立の最後に出て、中国全土を統一し、いわば次の唐代の統一政治のために基礎を築いた。南北朝時代の君主の多くは自己の権力に溺れ、それを自己の快楽に悪用するのみで、万民の塗炭の苦しみを毫《ごう》も意に介しなかった中にあって、文帝は自身の勤労を度外におき、孜々《しし》として政治を人民のためにあるべき姿に返そうとした。それがあまりに度が過ぎて、それでは健康にもさわると、近臣から苦情が出たほどであった。しかしその甲斐があって人民の生活もしだいに豊かになり、政府の減税と相まって、従来のきびしすぎる刑法をしだいに緩和することができた。天子個人の生活はきわめて質素であったが、政府の倉庫には十分な蓄積がなされた。だがしかし、この蓄積はそのまま永続する天下の太平に続かなかった。やがてそれは浪費され、悪用され、かえって内乱を惹きおこし、人民を苦しめる原動力にさえなった。そしてこのようになった結果に対して、文帝もまた間接にその責任を逃れることはできないといえる。人間の好意がそのまま結実することがいかにむずかしいものか、歴史は多くの実例を提供してくれるのである。

八　大運河と長城

中国が南北に分裂していたあいだは、南朝も北朝も互いに相手を警戒し、両国の人民が頻繁に交通するのを好まなかった。ただ、ときどき両朝のあいだに使節が往来するが、これはむしろ互いに国情を偵察しあうのが目的であった。

ところが隋によって南北が統一されると、大いに交通貿易を盛んにし、有無を相通じて不足を補うことが必要になってきた。由来、中国の地形は西が高く東が低いので、河川はおおむね西から東へと流れる。そこでせっかく幾つかの大河があっても、いずれも平行して流れるから、東西の交通のために便利であるだけで、南北の交通の役には立たない。だから従来も必要に応じて、黄河と揚子江とを連絡する運河が開鑿《かいさく》されたことがあったが、それを浚渫《しゅんせつ》しないでおくと、たちまち役立たなくなってしまうのである。

大運河開鑿の工事

隋の文帝はもちろん、南北をつなぐ運河の必要を感じたので、従来からある運河の改修を行なったが、彼の時代は天下の戦乱がようやく治まったばかりの時ではあり、文帝の政策が何よりも人民に休息を与えるにあったので、民間を騒がすような大工事はなるべく控えておく方針であった。さてこそ死んだあとに、莫大な黒字財政の剰余積立てがあり、銭穀珍宝が倉庫に充満していたのである。

煬帝はこのような父の消極政策を一変して、すべての方面に積極政策をとり出した。彼は即位の年のうちに、まず国都長安から、東の洛陽の近くに至るまでの水路を改修せしめた。これはたんにそれだけの目的ではなく、全国の大河川を南北に連絡し、一大水路網を建設する大計画の一部分にすぎなかった。

翌年を大業元年（六〇五年）と改元し、いよいよ運河の開鑿に着手した。この年のうちに、黄河から淮《わい》水に達する通済渠《つうさいきょ》、淮水から揚子江に至る邗溝《かんこう》を開通させた。この水路は部分的にはすでに存在していたものもあるが、それを一本の大運河に仕上げたので、これによって国都長安から、揚子江口に近い江都（揚州）まで、船運がつつがなく往来できるようになった。

運河は水流のあるところではもちろんそれを利用するが、平坦で水の流れない部分、あるいは流れに溯って航行しようとするときには、船に綱をつけて人力で曳くのである。そこで運河の岸には必ず道路を平行して設けなければならなかった。これを御道《ぎょどう》、すなわち天子用の道路と称し、柳を植えて並樹とし日蔭を造った。

黄河から揚子江までの運河は広さ四十歩、今の六十メートルほどある。そこに数万艘の船を浮べるが、最大なのは天子の乗船で竜舟という。長さ六百メートル、高さ十四メートルあり、上甲板に天子の座所と集会所があり、中甲板は二重になっていて百官、後宮の船室百二十があり、最下層は宦官が住み、料理室や貯蔵所が設けられている。皇后の船はこれより少し形が小さいだけで、構造も装飾も異ならない。

長安から江都に至るまで、水路の沿線に離宮が四十ヵ所あまり設けられている。中でも長安から洛陽へ近づく手前の寿安県に建てた顕仁宮は、最も壮麗をもって聞えた。洛

西苑池中の人工の三山

陽は東漢・北魏の古都であったが、煬帝は立てて副都として東京、または東都と称した。この都を経済の一大中心として繁栄させるために、地方の富豪数万家を強制的にここへ移住させて店舗を開かせた。この東京城の西に天子個人用の遊園地として西苑を造り、周囲約九十キロを囲いこみ、中央に周囲約五キロほどの人造池を掘り、池中に蓬萊山などを形どった三山を置き、水面から三十メートルも高く聳えている嶺に、楼閣を点綴《てんてぃ》して下から上っていけるように設計した。池に入る水はうねうねした濠になっていて、その両側に十六ヵ所の休息所があり、一個ごとに美人が煬帝の訪問を待ちうけている。これらの宮殿楼閣は華麗をきわめ、その材木や庭園の樹木ははるか広東《かんとん》あたりから取りよせたものもある。冬になって樹木の葉がおちると、色絹で葉の形を切りぬいて結びつけ、色がさめれば新しいものと取りかえるから、一年中、春秋のような景色である。池中の蓮や菱《ひし》の葉も、枯れている時には絹布で代用品をこしらえる。煬帝はこの西苑が気に入って、名月の夜など、宮女数千人を従えて騎馬で巡遊し、清夜遊の曲を作って馬上で奏楽せしめたという。それから先は、揚子江に近い江都の離宮が最も壮麗を極めた。

この運河が開通したとき、煬帝は数千艘の遊覧船に数千艘の護衛艦をひきつれて、洛陽近くの顕仁宮から江都まで、大デモンストレーションを行なった。船に乗るのは、後宮・王族の男女、僧尼、道士、異国商人およびその携行品で、船を曳くには軍人八万余人が当り、そのうち将校は錦の上衣を着るが、九千余人いた。護衛艦には近衛兵の十二大隊が乗り、これは兵士が代る代る曳く。ほかに騎兵が両岸に並んで警固しながら進む。この船列の長さ約九十キロと称された。帰り道に

煬帝の竜舟

あたる地方官はこれだけの人数に食料を供給することを命ぜられる。それも量が足りなかったり、粗末だったりすると、きびしく処罰されるから、水陸の珍味を取り揃えて出さなければならない。後宮の美人たちは食が細いので、余りがでる。それを棄てると叱られるので、穴を掘って埋めては立ち去ったという。そのすぐそばでは人民が、飢餓に迫られて痩せ細っているのに、これはまったくもったいない話だ。

この大行列はまことに歴史始まって以来の壮観であった。そしてこれだけの行列をひきつれて歩いたら、当の煬帝は愉快でたまらなかったに違いない。お伴《とも》の中では高位高官や、上級の将校連は、多少はそのおこぼれにあずかるから、これもいいリクリエーションになったであろう。助からないのは下級の軍人や、徴発された軍夫である。おそらく食物も足らず、時間も足らず、腹を減らしながら奔命《ほんめい》に疲れはてたことであろう。しかしいっそう助からないのは、これらの費用や労力を最後的に負担させられる一般人民である。しかも、この大行幸は一度や二度ではすまなかったのだからなおさらである。

煬帝は大業元年の冬を気候の暖かい江都ですごし、翌年、東都洛陽へ帰ってきた。大運河はその機能の活動を開始して、南方揚子江ロのデルタ地方の租税の米を北方へ運搬した。この米を貯蔵するために煬帝は、洛陽の近くに大きな倉庫を建て、洛口倉《らくこうそう》、回洛《かいらく》倉《そう》と名づけた。洛口倉は黄河と洛水との交叉点に置かれ、周囲約十キロの城壁をもって囲み、内部に三千の穴倉を設け、一個の穴倉には八千石ほどの米を貯えることができた。回洛倉は洛陽城のすぐ北に建てられ、穴倉三百個を含んで、周囲に約五キロの城壁をめぐらした。

大運河はさらに黄河から北方へのばされ、永済渠《えいさいきょ》と称し、今の北京に近い涿《たく》郡に達した。この涿郡は当時、軍事上、交通上の要地で、満州方面の異民族に対する前線基地になっていた。次に運河は南方へも延び、揚子江から太湖の側をへて、杭州で銭塘江《せんとうこう》に接続した。しかし煬帝自身は、この揚子江以南の新運河、江南河はついに通らずじまいに終った。しかし大業七年という年には、江都の離宮から少し南に下って、大運河の揚子江への出口を視察し、それから北方へ上って黄河を渡り、涿郡に到着して軍事を指揮した。

この大運河は全長大よそ千五百キロ、およそわが国の青森県から山口県に至るとほぼ同じ距離である。この運河は、後に明代になって水路の一部がずっと東寄りに改められただけで、現代まで存続しているが、それが中国の交通、経済の上にもつ意義はまことに重大なものがある。すでに隋王朝が南北を統一した以上、いつかは誰かが開鑿しなければならぬものであったといえる。

しかしそれだけ、この大工事を実施するために払った犠牲は莫大なものがあった。大業元年、東京を営建するには延べ丁夫《ていふ》二百万人、同年、通済渠《つうさいきょ》を開くには百余万人を徴発し、永済渠《えいさいきょ》を通ずる時には河北地方の人民を用い、延べ百余万人に上ったが、男子だけでは足りずに婦人までを徴発するに至った。婦人を労役《ろうえき》に駆り出すのは、歴史上にかつて見ざる暴政といわれた。多数の人夫を集めて役使するだけに、健康管理も行きとどかず、食料も不足がちな上に、使い方だけは荒くて上官が威張っているので、役夫は飢餓や疫病のためにばたばたと倒れる。死体を車にのせては棄てに行くものが道路にひきもきらなかった。およそ徴発されたら最後で、二人に一人は帰ってこれなかったという。

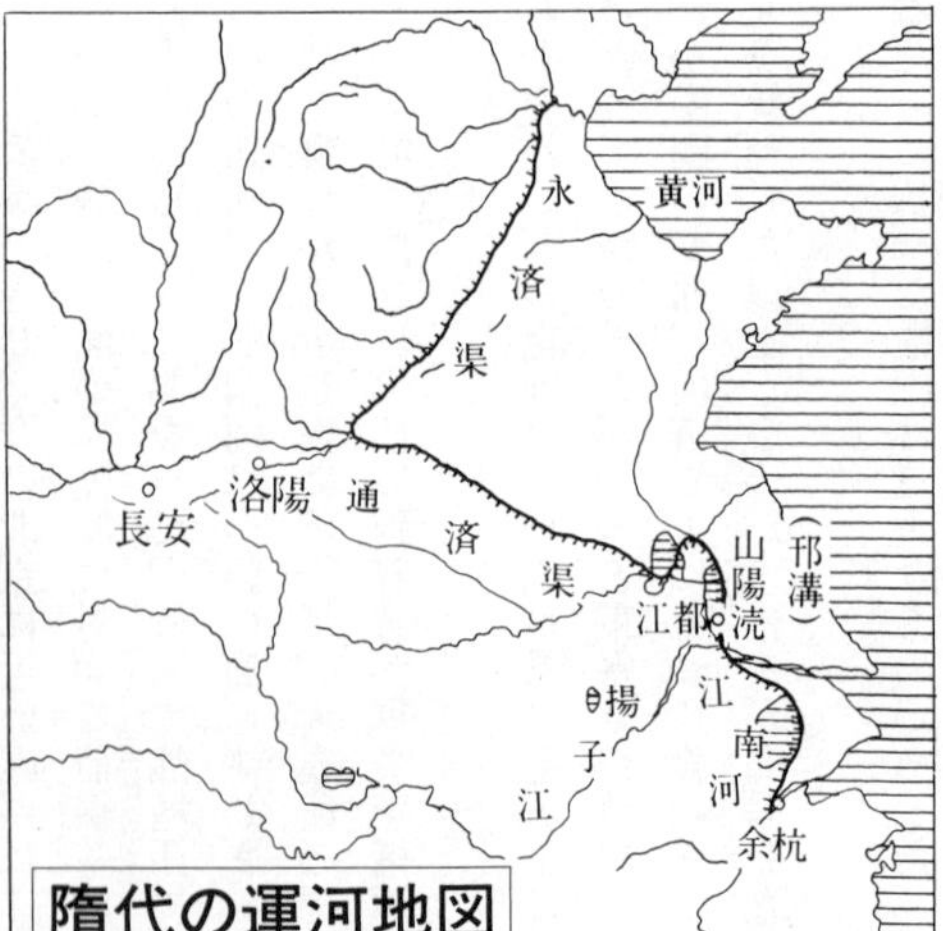

隋代の運河地図

後世このことが小説に仕組まれて『開河記』などいうものができて愛読されたが、小説を事実のようにとられたのでは、煬帝も迷惑するであろう。

南北朝のあいだ中国が分裂していると、中国の国力は内部の対立で相殺《そうさい》されてしまって、外部に対する圧力が薄れる。それどころではない、北部がさらに東西に分れた北斉・北周対立の時代には、かえって、長城の北、モンゴル地方の遊牧民族国家のために重圧をこうむり、中国がこれに臣属せねばならぬような事態すら生じたのであった。ところが隋が天下を統一すると、今度は中国の勢力が長城を越えて、モンゴル地方に圧力を加えるようになった。

当時モンゴル地方には突厥《とっくつ》と称する遊牧民族の大国家が成立していた。突厥という字は、トルグートの音を写したもので、現今、西アジアからヨーロッパにまたがって住んでいるトルコ民族の祖先にあたる。

突厥はその君主、佗鉢可汗《だはつかがん》のころ勢力が絶頂に達し、北周・北斉の二国を属国として毎年貢物を徴発し、「自分に二人の中国天子という孝行息子がいる限りは、貧乏する心配はない」と自慢していた。ところがこの佗鉢可汗の死後、突厥に内訌《ないこう》が起こって、やがて東西に分裂するが、折も折、中国は隋の文帝の手によって統一が完成されたのであった。

長城修築の工事

文帝は東突厥の啓民《けいみん》可汗を後援して、彼の君主たる地位を確保させたので、啓民可汗は隋を恩にきて、その朝貢国となり、煬帝の時代に及んだ。煬帝もまたこの啓民可汗を助けて北方民族を支配させ、その力を利用して北方国境線の平和を維持しようとした。だから大業元年、東モンゴルの契丹《きったん》民族が長城線を侵犯した時には、煬帝は啓民可汗に命じて突厥騎兵二万人を動員させ、中国と協力して契丹を襲い、四万人を虜《とりこ》にし、その男子をすべて殺し、女子を奴隷にして、その半分を突厥に与えたのであった。その翌々年、啓民可汗がみずから入朝したので、煬帝はそれに応《こた》えて親しく長城を巡視し、その行宮に啓民可汗を招いた。同時に人夫五万人あまりを徴集して、長城を修築させ、二十日間にわたって労働させた。

長城に沿って巡行する煬帝の大行列も、また前古未曾有の業々《ぎょうぎょう》しいものであった。

天子は行殿、つまり動く宮殿という車に乗る。天子とその近侍数百人を乗せる大きな台の下に車をとりつけたものである。宿泊するときはその周囲を行城、つまり移動式長城というもので取り巻いて護衛する。これは板を屏風のようにつなぎ合わせたもので、ところどころに城門があり物見台がある。全体で周囲約三キロの長さであるが、出発するときは分解して車にのせて運び、次の宿営地でまた組み立てるのである。完全武装の軍士五十余万人、馬十万匹がこの行列に随行したというが、これはおそらく誇張であろう。

長城は普通に万里の長城とよばれるが、実際はおよそ三千キロほど、大運河の長さの約二倍に当る。そのうち煬帝が修築したのは、その中央部で、前後二回、最初は百余万人、次回は二十余万人分の労力を費している。

長城の西端は敦煌《とんこう》まで延びているが、敦煌は中国と西アジアとをつなぐ交通路の要地であり、長城のもつ一つの任務はその南側を並行して走る交通路を北方の遊牧民族の侵略から保護するにあった。ところがこのころ、思いがけなく南方から吐谷渾《とよくこん》という遊牧民族の国家が興って、しきりに東西の交通を脅かしていた。煬帝は使者裴矩《はいく》を西アジア地方に派遣して外国商人を誘致するとともに、大業五年にはみずから兵を率いて吐谷渾を征伐した。吐谷渾の可汗が逃げるのを追って、今の青海あたりまで進出したが、煬帝は、自分は戦争も上手だぞと、大得意であった。

西域人に開かせた市

「中国古代の帝王はよく巡狩ということをやって、天子の威光を異民族のあいだに輝かしたものだ。しかるに近代の南朝の天子などはまったくの腑抜けで、宮中奥深く閉じ籠って、化粧などすることは知っているが、一般の人民と接触しようとはしなかった。こんな政治のやり方があるものか。」

と自慢したが、当時の人民に言わせたなら、煬帝のようなやり方で巡狩とやらいうものを実行されることこそ、まったくもって迷惑至極、いっそ宮中奥深くに住んでお化粧でもしていてもらったほうがどのくらい助かるかしれぬ、と思ったことであろう。

煬帝が吐谷渾征伐から、東西交通の大道へ引きかえし、甘州張掖《ちょうえき》郡をへて、さらに東、涼州武威郡へ到着すると、ここは古来、西方貿易の基地として繁栄したところ。使者の裴矩があらかじめ連絡をとっておいたので、砂漠の中の小国、高昌王麴伯雅《きくはくが》、伊吾国の酋長、そのほか二十七国の使者が集まっていて、煬帝に拝謁し、香を焚き、音楽を奏し、歌舞喧噪《けんそう》を極めた。しかし、これだけ外国人を多く呼び集めえたのは、商品を安売りしたり、賞賜を奮発したりした結果であって、しかも大して中国の経済のたしにはならなかった。かえって人民が物資を徴発されたり、運搬に使役されたりする苦痛が一とおりでなかったのだ。百姓が失業して困窮しだしたのは、まず西方から始まったと歴史に記されている。

洛陽見本市の百戯

ところがそういう民間の辛苦にいっこうお構いなしなのが煬帝とその大臣たちだ。翌年、大業六年には、東都洛陽に外国商人のための大見本市を開いたものだ。正月十五日の上元の日を期して、まず接待のために、端門街の大通りに百戯というサーカスを演ずるための戯場を設けた。周囲に柵を立てたが、それを一まわりすると八キロも歩かなければならない。その中での催し物は、例えば軽業師、二人で竿を高く支えていると、竿の上を両方から舞妓が踊りながら進んできて、中央でぶつかると、一方が木馬とびをして、位置が入れかわりになる。次は手品師、口から火を吐いてみせ、千変万化の芸を披露する。出し物としては鯨魚、長さが二十メートルもあって、鼻から潮をふいているが、たちまちそれが黄竜に形をかえる、といった調子。

そばではオーケストラが賑やかに音楽を奏する。団員が総勢一万八千人もいたというから、楽器の音は耳を聾《ろう》するばかり、二、三十キロの遠方まで聞えたという。

これらの余興を見せられたあと、外国商人たちは市場の中へ案内される。市場内の店舗はあらかじめ命令を受けていて外観を一新し、幔幕を張りめぐらして景気をそえ、店頭にはあらゆる珍貨を豊富に山積して顧客を呼ぶ。飲食店も畳表をいれかえて席をつくり、外国商人には酒は飲み放題、無料でサービスする。もし代価を払いたいといっても、

「中国は物資がありあまるほど豊富なので、外国人からはお代を頂かないのが前例になっています。」

といってことわる。大ていのものはそれでもうびっくりしてしまって二の句がつげないが、中にはただでご馳走になりながら、その上に悪口までいって立ち去るすごいのがい

る。人造の樹木にまきつけた色絹を指さしながら、

「私は中国を旅行してきて都会でも田舎《いなか》でもずいぶん貧乏人を見かけましたよ。着る衣物がなくて、まるで半裸体ですな。ここにあるこのような装飾は、してみても何の役にも立たんものです。ああいう貧乏人に分けてやって、衣物にして着せてやったほうがいいだろうと思うんですがね。」

というと、中国商人には返す言葉がなかった。

このころが煬帝の勢威が絶頂に達したときであった。久しく中国に服属することをためらっていた西突厥の処羅可汗《しょらかがん》も、内乱のために疲弊し、大業七年、ついに中国の招きに応じて入朝し、みずから煬帝に拝謁した。財政は赤字に苦しみながらも、まだ大なる破綻を現わさず、人民は困苦にあえぎながらも、まだ反乱にふみきって蜂起するまでには至らなかった。しかしどんな従順な人民でも、我慢するには程度があるものだ。世相はしだいに険悪さを加えて行くのに、煬帝はいったいどこまで無神経なのであろうか。

九　日出づる国

隋が南北朝の後をうけて天下を統一すると、その圧力が四方に及んだ。それは万里の長城を越えたモンゴル地方や西域に対してばかりではなく、東方、南方の海外諸国に向っても同様であったのである。ただ文帝の時代は対外的には消極策をもって臨《のぞ》んだので、その圧力はただじわじわと感ぜられただけであったが、煬帝が積極策をとり出すと、それがただちに大きな波紋となって四方へ広がって行ったのである。

煬帝は即位改元の大業元年（六〇五年）匆々《そうそう》に、林邑《りんゆう》侵略の軍を起こした。当時は現在の北ベトナムまでが中国領で交州といい、その南方の南ベトナム地方が林邑と称する独立国であった。したがって、林邑国には現在の順化《ユエ》や広南を含み、これらの町が南海貿易の大中心で、海外諸国の珍しい物資の多く集まる場所であった。林邑国の都は広南の町にほかならなかったのである。

隋の将軍劉方《りゅうほう》はみずから海軍を率いて、林邑の海岸づたいに国都に迫り、別将に命じて陸軍を率いてこれと平行して南下せしめた。林邑王の梵志《ぼんし》が象隊を先頭にして逆襲してきたので劉方は陥穽《かんせい》を造り、上に草をかぶせてそれと見分けがつかぬように工夫し、敵の象隊を誘って陥穽におとし、弩《いしゆみ》をもって乱射したので象はかえって奔走して林邑軍を混乱に陥れた。隋軍はすかさず左右から包囲して大いに林邑軍を破った。国王梵志は都をすてて海上に逃れ、劉方の軍は国都を占領して大いに掠奪《りゃくだつ》をほしいままにした。宮中では国王の先代の位牌の純金で造ったものや、梵語で書いた記録などを押収した。しかし中国人には慣れぬ気候であったため、凱旋するまでに隋軍の半数は死亡し、大将の劉方自身も途中で病没した。林邑国王の梵志は隋軍が引き上げたあと国にかえり、隋に使を送って朝貢国となった。

大業三年、煬帝は朱寛なるものを派遣して、海外諸国を巡回し、隋への朝貢をすすめてあるかせた。彼は流求《りゅうきゅう》国へ行って帰ったが、その後、隋が流求国侵略の軍を出しているから、流求では朝貢の勧誘に応じなかったものと見える。この流求とはそもそもいずれの地方に当るかについて、古来、異説がある。一説は今の琉球、すなわち沖縄であるとするが、他の説はそうでなくて今の台湾であるとする。私はどちらかといえば、今の琉球でも台湾でもなく、もっと南方のフィリピンあたりではないかと考えている。

この朱寛は、流求へ赴《おもむ》くと同時に日本へも来たのではないかと思われる。それは翌大業四年に日本の使者が隋の朝廷に現われているので、たとえ両国の歴史に書いてなくても、朱寛の招きに応じて日本から使者の派遣があったと解釈すると、前後の辻褄《つじつま》がよく合うのである。

日本は中国の南北朝分裂の時代、北朝よりもむしろ南朝とのあいだに密接な交渉を保っていた。南朝の宋から梁にかけて、日本からたびたび使者がその都を訪れ、五人の天子、讃《さん》、珍、済、興、武という人が、それぞれ倭王に封ぜられたという記事が中国の正史に載っている。それが日本のどの天皇に当るかについては、これもいろいろ異説があって容易に定まらないが、少なくとも、そのうちの倭王武は雄略天皇のことだというのだけは一致して承認されている。

当時日本は朝鮮半島が高句麗《こうくり》、新羅《しらぎ》、百済《くだら》の三国に分裂して対外的立場が弱まったのに乗じ、半島南端に任那《みまな》府を立てて保護下においていたが、この保護領は南朝の陳の時代に新羅によって、併合されて消滅してしまった。そのような戦事に気を奪われたか、日本と大陸との公的な使節の往来は、南朝陳から隋統一の初期にかけて一時中絶していたと思われる。

あたかも日本は推古天皇の御代で、聖徳太子が摂政していたが、その八年、隋の文帝の開皇二十年に最初の遣使があり、ついで十五年、隋でいえば大業三年（六〇七年）に、小野妹子《おののいもこ》を派遣して隋に使せしめた。これは何よりも隋の国情を偵察して日本の国策樹立の資にするのが目的であったに違いない。翌年三月、妹子らは東都洛陽で煬帝に謁見したらしい。そのとき日本から齎《もたら》した国書は、かの有名な文句、

「日出づる処の天子、書を日没する処の天子に致す。恙《つつが》なきや。」

で始まっていた。国王の名は多利思比孤《たりしひこ》とあるが、これは聖徳太子の名を聞いて、誤って国王として記録したのであろう。煬帝はこの国書を臣下から奏聞され、ひどく感情を害して、

「これからも蛮夷の書で、このように無礼な書き方をするものがあれば、奏聞するには及ばぬぞ。」

と命令した。中国的な考えでは、中国の皇帝は同時に世界の主権者であって、外国の君主といえども、中国皇帝から見れば臣下にほかならなかったからである。

しかし隋のほうでも日本の国情を偵察しておく必要があったので、妹子の帰国にさいし、裴世清《はいせいせい》を同行して渡日せしめた。この使者がくるという報告が日本にとどくと、日本は大騒ぎ、上下をあげててんてこ舞いをしたものである。まず大坂の船つき場に客館

を建築して、裴世清一行十二人を接待させる。飾《かざ》り船三十隻を出して歓迎したというが、日本は日本なりに国力を挙げて示威運動を行なったつもりだったのであろう。

ところが小野妹子は煬帝から授かった国書を途中で紛失したと称して、朝廷へ奏上しなかった。そして裴世清の持参した国書だけがとどけられたが、その形式は、

「皇帝、倭皇に問う。」

という書き出しであった。これはどうもおかしい。中国の皇帝が外国の君主に、皇という字を用いることは、よほど特別な場合でなければしないことなのである。だからこのさいは、もと倭王とあったのを、王の字の上に白を書きたして倭皇にして体裁をとりつくろったのではないかという説がある。それならば一体そういう細工をしたのは誰か。妹子などが裴世清にさんざんご馳走をした揚句に無理に談じこんで加筆させたのであろうか。しかしそれにしても、この書き方ではまだほんとうに対等になっていないのである。それは煬帝のほうはたんに皇帝とだけある。中国の皇帝は全世界の主であるから皇帝といえばただひとり、いわばそれだけで固有名詞なのである。だからその上に隋というような王朝名を冠することをしない。これに対して名宛人が倭皇とあれば、これは倭という限られた地方だけの主権者ということになる。無限の領土をもった君主から、有限の領土だけもっている君主への手紙になって、決して対等ではなくなるのである。お

そらくそのくらいのことは、聖徳太子にもわかっていたのであろうが、外交上のことはやかましいことを言いだせばきりがないので、適当なところで妥協しておいたのであろう。

さて裴世清が帰国する段になって、今度は小野妹子が再びそれに同伴して隋に赴いた。このとき、朝廷が妹子に持たせてやった国書は、

「東の天皇、西の皇帝に敬白す。」

という書き出しで始まっていた。しかしこの国書はもちろん、煬帝の前へ披露されなかったから、隋の歴史には何も記載がない。

ここに東天皇、西皇帝という、これまで何処にも用いられなかった二つの称号が出ているが、これらは当時の日本の史官が、全く出鱈目《でたらめ》に案出したものかというと、必ずしもそうではない。やはり彼らは当世の知識階級であるから、中国の朝廷で披露されても、無知の異民族が書いた手紙と笑われないように、十分の用心をしているのである。ということは表面ちょっと荒唐無稽のように見えても、実際はその裏に侮るべからざる学識を蔵して、中国の故事を下書きにしているのだぞ、と分らせるように言葉を選んだのである。そもそも皇帝は天下に一人しかいないはずのものであるから、これに対立を認めるような形容詞はつけ加えてはならぬのである。それを敢えて西皇帝と、対立者の存在

を暗示するような称号を案出したのは、実は『史記』の中に記されている故事を下敷きにしているので、それは秦の昭襄王の時に、秦は斉と相約して、互いに西帝、東帝と名乗りあったという故事がある（前二八八年）。当時はまだ皇帝という言葉がなかったが、古代の帝はすなわち後世の皇帝に相当する。だからもし西皇帝という名付け方を無知だと笑われたなら、『史記』の中の故事をご存じかと、反撃する用意がちゃんと出来ているのである。次に天皇という名は、道教から来たものではないかと、この頃しばしば聞くところであるが、当時の日本において、主権者の称号に影響を及ぼすほど、道教が優勢であったとは考えられない。しかし仏教ならば、当時上下を挙げて尊崇されていたのは周知の事実であるから、むしろこれは仏教起原の名称という線で考察を進めるべきであろう。仏教には天王という称号があり、中国では隋より一世代前の五胡十六国時代には特に天王が君主の称号として盛んに用いられた。仏教の天王は四天王の名の示す如く、東西南北に天王が居る。日本の古代君主はかつて天王という称号を用いていたというのが私の説であるが、日本の天王は方位で言えば東方天王に当る。ところで中国に実在の天王と名乗る君主が輩出した頃、その位は皇帝より下ること一等で、わずかに及ばぬ地位である。そこで西皇帝に対する時に、東天王では相手の優位を認めることになるので、さてこそ東天皇と改めたであろうことも容易に想像できる。当時の日本であまり優勢とは思えない道教から天皇の名を借りて来たと考えるよりは、仏教の範囲内で処理し、天王から天皇へと推移したと推定するほうが自然ではあるまいか。私はむしろ東天皇の名称によって、それ以前日本に天王号が存在した傍証の一に数え上げたいのである。

妹子が二回目に隋に使するさいには、高向玄理《たかむこのくろまろ》ら八人の留学生を伴って行った。それまで朝鮮半島から知識人や僧侶の渡来があり、それとともに大陸の文化が日本へ流入したのであったが、今や日本人が直接中国へ渡って、かの地の文化を吸収して帰ろうというのである。そして隋の使者裴世清に同行するということは、中国に着いてから後の勉学について、多大の便宜を与えてもらえるに違いないので、じつに絶好の機会であったのである。

日本の朝廷では隋と対等の国交を結んだつもりであり、そのため国書の書き方などにはずいぶんと気を使ったものであるが、しかし日本の使節が隋へ着いてから、果たして対等の礼儀で交際できたかと言えば、おそらくそうは行かなかったことと思われる。中国には清朝の末年まで、対等な国との外交を掌《つかさど》る役所というものが全然なく、外国使者はすべて朝貢使《ちょうこうし》として受け入れられていたから、日本の使者といえどもその例に洩れるわけにはいかなかったのである。

しかし日本が、おそらく煬帝の勧誘に応じて、平和に国交を開始したのは、結果として賢明であったといえよう。それは隋が滅びて後に、隋よりもいっそう強大な唐王朝が出現したが、日本はそれまでにある程度、中国の文化を吸収しており、唐に対する外交をほぼ大過なくすますことができたからである。そればかりではない。隋に対する外交でも、まかり間違えば隋から侵略をこうむらねばならぬとも限らない状況にあったのである。何しろ相手は誇大妄想狂に近い煬帝なのだ。この煬帝の犠牲に供せられてひどい目にあったのが流求国である。

前述のように煬帝は大業三年に朱寛を海外に派遣したが、朱寛は海員の何蛮なるものの言葉をきき、東方海上に天気のよい時には島影が見えるというので、何蛮を伴って流求に到着した。しかし通訳をつれて行かなかったので言葉がわからない。そこで流求人をひとり捕虜にして引き上げた。翌年、おそらくこの捕虜を通訳として再び流求に渡り、国王に朝貢を勧めたが聞きいれない。そこで流求国の産物を求めて帰ってきた。

ちょうどその時、日本の使者が隋の朝廷に来ていたというから、これは小野妹子に相違ない。そしておそらく初度の遣使の時であったであろう。日本使者は朱寛が持ち帰った流求の産物の中の布甲、おそらく麻布でつくった甲冑を見て、

「これは夷邪久《いやく》国人の使うものだ。」

と説明した。夷邪久とは今の屋久島のことであるが、当時の日本人は流求全体を屋久と

呼んでいたらしいのである。この点から見ると隋代のいわゆる流求は現今の沖縄を指すものとも思われるが、ただし妹子が出鱈目を言わなかったとは限らない。

大業六年、煬帝は陳稜《ちんりょう》、張鎮周《ちょうちんしゅう》の二人を将とし、東陽郡の兵を発し、義安郡から出帆して流求を攻めさせた。東陽郡とは婺《ぶ》州のことで、義安郡は潮州である。この出帆地を重視すれば、流求は現今のフィリピン辺りでなければならない。何となれば、現在の沖縄へならば福州の辺から、現在の台湾へならば漳州の辺からと、古来だいたい出発点が定まっているからである。沖縄や台湾へ向うのに、わざわざ潮州を出発地に選んだとは考えられない。

陳稜の部下には多数の外国人、ことに崑崙《こんろん》人と称する南洋人がおり、そのひとりが流求の言葉を知っていたので、使者にやって降参を勧めたが流求国王の渇剌兜《かつらっとう》は応じない。そこで戦争になったが、もちろん流求はとうてい隋軍の敵ではなく、戦うたびに敗北して都城に逃げこんだ。この都は三重の水濠、三重の城壁を廻らしていたが、陳稜らはこれを突破して国王を斬り、都民一万七千人を捕虜にして引きあげた。煬帝はこれをみんな奴隷にして百官に分賜した。

日本本土はもちろん、その実力は流求の比ではない。しかし当時の朝廷の外交政策のいかんによっては、元寇《げんこう》のような事態が絶対に起こらぬともいいきれない情勢にあったのである。

海外諸国の中で煬帝が、もう一つ興味を感じたのは赤土国である。この赤土国の所在についてもいろいろの異説があるが、私は現今のスマトラ島の詹卑《ジャンビ》付近であろうと信ずる。この国が当時、マラッカ海峡を支配下において、東西交通の実権を掌握しており、あたかもイギリス覇権時代のシンガポールのごとき地位を占めていたのであった。

赤土国の最初の入貢は大業四年、日本の小野妹子とほとんど同時であるから、おそらくこれも朱寛がその地に至って勧誘した結果と思われる。そしてこの場合も同じように、赤土国使者の帰国に随伴して、常駿なるものが赤土国へ派遣されている。隋の外交のやり方は、判子をおしたように一律に行なわれたのである。

常駿らの一行は船に乗って広東を出帆し、林邑都城の沖合にある陵伽《りょうか》鉢抜多《はばった》洲、すなわち後世の占不労《せんふろう》島に渟泊《ていはく》し、ここで淡水を仕入れたりして小休止した。それから後は東北貿易風に吹かれ、シャム湾沖を縦断し、ほぼ一直線に師子石、すなわち今のシンガポールに到着した。それから後は島嶼《とうしょ》が連接し、西方に狼牙須国の高い山を望見したとあるのは、リンガ・シンケプ諸島のことに違いない。そこから赤土国の領土に入り、バタンハリ河を溯って国都のジャンビに到着したのであった。そして面白いことには赤土国でも、ちょうど日本がやったように、船三十隻を迎えに出し、鼓楽しながら、常駿らを導引して都に入れたという。

常駿はさらに丹々を経て、婆利国に至って、その年の暮に帰ってきた。煬帝の意向は、当時の中国に知られた、あらゆる国から朝貢の使者を中国に招きよせて、その帝王としての虚栄心を満足せしめるにあったらしい。

赤土国王は常駿の帰国にさいして、その王子の那邪迦《なやか》を随伴させ、隋に対する答礼使とした。これも日本の小野妹子が再び裴世清を送って渡隋したのと似ている。常駿と那邪迦とは、おそらく大業五年の春、洛陽に近い弘農郡で煬帝に謁見した。煬帝は大いに喜んで、常駿には絹二百段を賜い、那邪迦にも官爵を授け、厚い賞賜があったという。

日本からはその翌年、大業六年に使者が貢物をもたらして入朝したという記事があるが、それから後は往来が途絶えたようである。おそらく、このころから隋の国内が乱れ、治安の維持が保たれないで、貢物などを持参する使者の入国がむずかしくなったためであろう。そして、そのような状況については、日本よりも密接に往来している百済などによって、消息が伝えられたと思われる。

このように見てくると、日本の隋に対する態度は、まったくの事なかれ主義で、今まで考えられたように勇ましいものでは決してなかったのである。ただし公平に見た場合、当時の中国の文化は何といっても遥かに日本より進んでいたから、日本は多くの学ぶべきものを中国に認めざるをえなかった。国力の大小ということでなく、文化の進んだ国に対しては謙虚にそれを尊敬して知識を与えてもらわなければならない。これは個人のあいだに当然なこととして行なわれていることであるから、国際間においてもそのように行なうことが自然なのである。明治時代以後の日本は、時に拝外主義などと悪口をいわれたが、ほんとうに日本のためになったのは拝外主義にほかならなかった。これに反する攘夷《じょうい》思想は聞いた景気がよいだけで、それが後の太平洋戦争につながることを思えば、じつは日本を賊したとも言えるのである。

そこで聖徳太子時代の日本外交は、隋の国力を恐れて朝貢したという形をとらぬよう、ずいぶんと神経を使ったものである。隋の歴史によると、裴世清が日本へ到着した時、倭王と面会したとあるが、推古《すいこ》天皇は女性であったから、中国の使者に面接されるはずはなく、これはおそらく聖徳太子であったと思われる。この人が裴世清に向って、「わたしは海の西に大隋という礼儀の国があると聞いたればこそ、使を遣わして朝貢したのであります。われわれは夷人《えびす》であって、大海の片隅の辺鄙《へんぴ》なところにおって礼儀を知りません。そこでわざと国内に踏みとどまっていて、すぐお目にかかりには参上しませんでした。そこで今、道をはらい清め、宿舎を整頓して大使をお待ち受けしているのであります。もしも大国の立派な教育方針をうかがうことができれば、この上ない仕合せであります。」

といっているが、これははなはだ巧みな外交辞令といわなければならない。日本が朝貢したのは、隋が礼儀の国、つまり道義国家であるから、それに敬意を払ったのだというのである。そして、その次に述べた言葉は、国王自身が隋に入朝しなかったことに対する言い訳らしい。これで見ると、どうやら隋はあらかじめ各国に対し、国王自身の朝《ちよう》覲《きん》を要求していたと思われる。もちろん各国にはそれぞれの国内事情があるから、そんなことは、おいそれとすぐ実現するとは限らない。しかし隋に対して求めるところのある国は、なるべく御意に副《そ》うように努めた形跡がある。赤土国の王子が隋へ入朝したのは、父国王の名代という意味であろう。

日本ではべつに天皇の名代を派遣するに及ばず、前の使節の小野妹子で間にあわせた。ただし妹子の履歴に箔《はく》をつけるためか、彼は当時朝廷の実力者大臣である蘇我馬子の姓をとって、蘇我妹子と称して使いしたらしい。だから隋の歴史には、蘇因高《そがいもこ》と記している。相手が稀代の暴君煬帝であるから、こちらからできるだけの礼節は尽すが、その代り、先方でも礼儀をもって待遇しろと、言うだけのことは言っているから面白い。そして国書を書くにはずいぶん強硬な態度を示し、いわば硬軟両様の使いわけをして、はなはだ弾力性がある。当時の日本の国力としてはまず上出来な外交であったということができよう。

煬帝は諸外国の君主自身に入朝させ、中国天子の尊厳を示すことに特別の興味をもっていた。東突厥の啓民可汗をはじめ、西突厥の処羅可汗、高昌王麴伯雅などがその主なものであり、小国、小部族の君長に至っては数えきれぬほどである。ところが満州から朝鮮北部に国を立てていた高句麗王だけは、頑として入朝しない。それがとんでもない大騒動、高句麗戦争の大悲劇をひきおこす原因になったのである。

十　高句麗戦争

日本ではコマと呼び慣わしている高句麗《こうくり》は、当時、満州から北朝鮮にかけて広い領土を占めていた大国であった。この国の起原はすこぶる古く、前漢の時代に鴨緑江《おうりよくこう》の上流から興り、満州平野に進出して、三国の魏や五胡の燕国と抗争しつづけたが、満州方面ではときどき中国から打撃を与えられたので、朝鮮に侵入してその北部を経営し、平《へい》壌《じよう》に都を定めて、南方の百済《くだら》や新羅《しらぎ》と勢力を争った。それで日本ではこの三国を三韓《さんかん》と総称したのである。

隋の文帝による中国の統一は、ただちに満州・朝鮮方面へも影響が及んだ。高句麗は隋による南朝の滅亡を聞いて、すぐその重圧を直接、身に感じ、ひそかに戦備を整えて隋軍の侵略に備えたのであるが、内心はびくびくものであった。

もっとも隋のほうから見ると、高句麗の中国に対する態度は、不敬であるのみならず、法を犯している、というのである。例えば靺鞨《まっかつ》とか契丹《きったん》とかの諸民族が中国と交通したがっているのに高句麗はいつもそれを妨害している。中国人の亡命者を誘って、こっそり高句麗へつれ帰って武器の製作を行なわせている。中国から使節を派遣したところ、空屋《あきや》の中へ閉じこめておいて外出をさせない。高句麗の騎馬兵がしばしば国境を侵犯して、中国人を殺傷する。その上、ときどきスパイをはなって中国事情を偵察させたりする。これらはいずれも天下一家という中国の理想を無視した行動であってけしからぬ、というのである。これは中国側の言い分であるから、高句麗に言わせれば、またそれ相当の言い分があったはずである。大国に接壌した小国が、その独立を守るためには、国情が漏洩《ろうえい》しては不利益になるから、機密保護の措置《そち》をとるのはやむをえない。独立国であるからには、軍備をととのえるのは当然の権利である。国境の紛争に至っては、そもそも非がいずれにあるかは、いちいちの場合に公平に調査した上でなければ、簡単に高句麗だけが悪いと断言できるものではない。それにもかかわらず、隋の文帝はおそらく出先の官吏の報告を鵜呑みにしてであろうが、高句麗王の高湯に対して、ずいぶんきびしい言葉をならべたてた詰問の手紙を送っている（五九七年）。それは、いろいろと高句麗方の落度を列挙したあと、

「最後におまえに尋ねるが、遼河の幅と揚子江の幅と、どちらが広いと思うか。高句麗の人口と南朝陳の人口と、どちらが多いと思うか。その陳国は一月もかからず、わずか数千の騎兵で、瞬く間に討平してしまった。そこでおまえに対しても、もし少しも容赦なく前過を咎めようと思えば、一将軍に命令すればすぐ済むことだ。べつにこのような手紙をやって、丁寧に訓示を与えて改心を要求するようなひまはかけぬところだ。よくよく考え直して、自分で自分の道を誤らぬようするがよい。」

と脅迫的な言辞で結んでいる。高句麗王は大いに恐れて上表して陳謝しようとしたが、あいにく病気にかかって亡くなり、子の高元が位を嗣いだ。文帝は高元に爵を与え、遼東郡

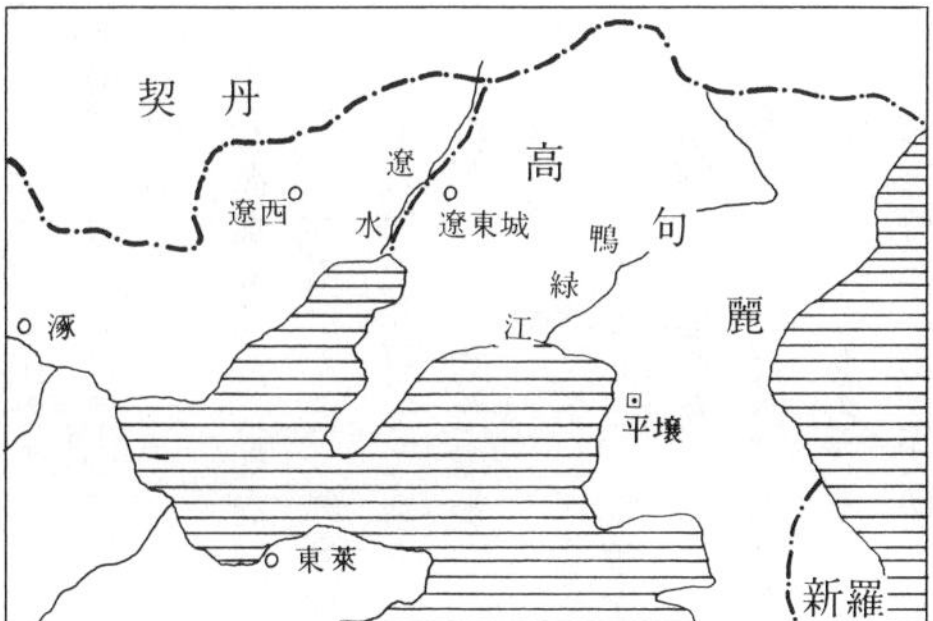

高句麗勢力図

公に封じようとすると、高元は王爵を賜わりたいと申し出たので、改めて遼東王に封じた。ところがその明年、高句麗は靺鞨族の騎兵一万余騎を率いて中国領に侵入し、中国の営州総管の韋沖《いちゅう》が迎え撃ってこれを敗走させた。

これを聞いて文帝は怒って、三十万の大軍を派遣して高句麗を討伐する命令を出した。ところがこの理由は少しおかしいのである。果たしてほんとうに高句麗の侵入なのか、その原因が何であるかを確かめもせず、外交的な解決を計るでもなく、突然に大軍を集めて攻めに行ったのである。どうもこれは、軍閥の好戦的な主張を抑えることができなくなって、文帝が譲歩した結果のように思われる。

どこの国でも上級の職業軍人は戦争をしたがるものである。戦争をして勝つのでなければ、名声も上がらず、賞賜も貰えず、官位も容易に進まない。ところで隋の軍人は、南朝陳を滅ぼしてから、十年近く大きな戦争をやっていない。それに文帝の財政は緊縮方針であって、何も働かぬものには、何もくれないのである。そこで軍人たちが次の仮想敵国は高句麗ということにして、事あれかしと待ちかまえていた。文帝としてもある程度は軍隊の希望も聞き、またある程度はつねに軍隊を実地訓練しておく必要があったので、あまり気が進まぬながら、高句麗侵入の軍を起こすに至ったのであろう。

征討軍の総司令官は文帝の末子、漢王の楊諒で、その参謀には大臣の高熲《こうけい》、陸軍の司令官には猛将の名のある王世積《おうせいせき》、海軍の司令官には周羅睺《しゅうらこう》がそれぞれ任じられ、まずは申し分のない陣立てである。ところが陸軍は今の山海関《さんかいかん》を越えて進むうちに大雨にあい、輜重車《しちょうしゃ》が動きがとれなくなった上に、悪疫《あくえき》が流行して前進することができない。海軍は山東半島から黄海を渡って平壌へ向ったが、これも海上で暴風雨にあって船団がちりぢりになってしまう。とうとう高句麗の領土に到着することすらできずに、両軍とも引き上げざるをえなかった。しかも死者、未帰還が十人に八、九人という惨憺たる有様、まことに無残な結末に終ってしまった。しかし高句麗のほうでも偶然の僥倖《ぎょうこう》で戦災を免れただけであるから、辞を低くして陳謝の使を送ってよこした。両国の国交は曲りなりにも平常化したのである。

ところが煬帝の時代になると、対外的積極政策が始まったので、高句麗もその対象からはずれるわけに行かなくなった。そして高句麗の存在が強く煬帝の意識に上ったのは、彼が長城線に出向して、東突厥の啓民可汗と会見したさいに始まったのである。

大業三年の正月に啓民可汗が煬帝の許《もと》へ入朝したので、煬帝はその夏、答礼の意味で、国境を巡視した機会に、長城を越えて啓民可汗の天幕を訪問したのであった。先駆の将軍、長孫晟《ちょうそんせい》がまず啓民可汗の天幕へ下検分に行くと、周囲に雑草が生えていてまことにきたない。そこで啓民可汗に向って、

「この天幕の前の草の根はいい香りがする。」

といった。啓民可汗は何のことかわからぬので、草を一本ひきぬいて嗅《か》いでみたが、べつに匂いはない。長孫晟はそれを見て重ねて、

「中国の天子が行幸するときには、すべて雑草は取り除いてきれいに掃除しておく。ただ香草だけはそのままにして残しておく。だからわたしはこれを特別の香草だと思ったのだ。」

といったので、啓民可汗はそれに気がついて、

「そういうことを知らなかったのは、まったくわたしの手落ちでした。」

と陳謝して、みずから佩刀《はいとう》を抜き雑草を刈り払うと、諸部の酋長《しゅうちょう》もそれにならっていっしょに草取りを始めた。後に煬帝は長孫晟の話を聞いて、大いに満悦であったという。

さて煬帝が長城を越えると、大きな天幕を張り、まずそこへ啓民可汗を招待した。たらふくご馳走を食べさせた上、散楽という余興をして可汗や酋長らを楽しませた。煬帝は啓民可汗に絹二十万段を賜わったというが、これは莫大な価値のものである。おそらくこれには、可汗の草むしりの労賃も含まれていたに違いない。その次に今度は煬帝が啓民可汗の天幕を訪問して、その接待を受けたのであった。

モンゴル地方の遊牧民族はいつも中国を悩ましてきた強敵であった。その可汗がこの

ように卑屈な態度で煬帝に臣属したのであるから、煬帝は得意の絶頂にあった。漢代に匈奴の呼韓邪単于《こかんやぜんう》が降参して以来の盛事といえよう。煬帝はみずから詩を賦《ふ》して自慢した。

呼韓は頓顙《とんそう》して至り　　呼韓邪のような可汗は頭を下げて来、
屠耆《しょき》は踵を接して来る　　それに続く酋長も続々帰順したぞ。
何如《いかん》ぞや、漢の天子の　　昔漢の天子が兵威を輝かし
空しく単于の台に上ると　　単于台に上ったなどおかしいくらいだ。

ちょうどこの折のことであるが、高句麗の使者が啓民可汗の許に来ていた。啓民可汗はそれをかくさずに煬帝に紹介し、煬帝は使者を引見した後、大臣に命じて使者に説諭せしめた。

「どうだ、啓民可汗はあのように誠心をもって中国に帰順しているので、朕はみずから彼の天幕を訪問したぞ。朕は明年、長城の東端の涿《たく》郡へ出向しようとしている。お前は国に帰ったなら、国王によく言え。何も自分から疑って恐怖を抱くに及ばぬ。中国に帰順すれば、受入れの礼式は啓民可汗と同様に優遇してやろう。しかし万一、入朝を拒むにおいては、まず啓民可汗を引きつれてお前の国へ乗り込むぞ。」

高句麗の使者は帰国の後、この旨《むね》をそのまま国王に伝えたに違いない。ところが高句

麗にとってはまことに迷惑な話。中国と平和に交際するのはよいが、それは昔から政経不可分という式で隷属を強いられる。中国で礼遇するというのは、その中に天幕の草むしりをすることまで含んでいるのを、高句麗使者が確かにその目で見届けて帰った事実なのだ。高句麗のほうでは、いよいよ国境を固く閉じて、中国を敬遠し、交通往来を遮断する政策をとる。するとこれが中国皇帝の目には、藩礼を欠く、つまり朝貢国のくせに朝貢の義務をまったく果たさない無礼な態度だと映るのである。

煬帝はしかし、宣言どおりにその翌年にすぐ高句麗侵入の軍を起こそうとはしなかった。高句麗も三韓の中で随一の大国であるから、これと戦うためには相当の準備が必要である。そして準備の中では物資の集積が何より大切である。そこで黄河から涿郡までの運河、永済渠が開通するのを待って、南方の軍夫を移動させ、南方の物資を運搬してこれを涿郡に集結させると同時に、天下の兵に動員令を下したのである。時に大業七年五月のことであった。

翌大業八年の正月に、天下の軍隊がやっと涿郡に勢揃いした。煬帝も江都から運河を利用して北上し、涿郡の離宮に宿泊した。軍隊の総勢は百十三万三千八百人、景気よく二百万人と号し、後方勤務者はさらにこれに倍したとあるが、これは少し大袈裟すぎる。この時代にそんな大軍を運用するのは実際にはむずかしかったはずである。しかし十分の一の十一万人としても、まだ相当の大軍である。これを左十二軍、右十二軍、合せて二十四軍に分ち、毎日一軍を出発させ、二十キロ近く行ったところで宿泊させる。二十四日目に全軍が出発し終るが、そのとき先頭の軍はすでに四百キロの遠方に到着している。煬帝はべつに近衛兵の六軍に警固させながら、百官を率いて大軍の後に続く。その隊列がまた三十余キロあったという。もしもこれが観兵式であったなら、これほど壮大な見ものはなかったであろう。

隋軍は前進を続けて遼河の線に到着すると、対岸にはすでに高句麗兵が陣地を設けて防禦に当っている。そこで船を並べて、その船を板でつなぎ合せ、三本の浮橋を造ってのばし、先端を対岸へ固定させようとしたところが、第一回は計算を誤って向う岸まで三メートルほどとどかない。それでも隋軍の勇士は水中に入って対岸に上陸して戦ったが、衆寡《しゅうか》敵せず敗退した。第二回には十分の長さをとって浮橋を造って対岸にわたし、続々と軍隊を送って攻めたので、今度は高句麗軍が敗けて退走した。

隋軍はあとを追いかけて遼東城を攻めにかかったが、ここでまた前進が頓挫した。遼東はまた遼陽ともいい、古来、南満州の中心となった都市である。隋軍の強攻にあって遼東城はたびたび落ちそうになったが、高句麗軍は必死になって持ちこたえたものである。攻撃軍の大将たちは互いにその失敗をなすりあって、喧嘩をしはじめた。煬帝がみずから現地に出て形勢を見、大将たちを叱りとばして気合いをかけてみたが、とうとう遼東の小城を抜くことができなかった。

そのうちに隋の海軍が、黄海を押し渡って高句麗の国都の平壌城下に到達して戦争中だという報告がとどいた。海軍の大将の来護児《らいごじ》は勢いよく平壌に攻めかかったので、高句麗は計略を用い、外城を放棄して内城に立て籠った。無規律な隋軍は城中に入っただけで有頂天になり、隊伍を崩して銘々に掠奪を働き出した。その油断を見すまして内城の高句麗軍が逆襲に出たので、隋軍はさんざんに打ちまかされ、わずかに数千人が逃げて軍艦の停泊所にたどりついた。ここで留守部隊が陣容をととのえて防禦したので高句麗軍も退いたが、隋軍は大打撃をこうむって戦闘力を失い、海岸に停泊して陸軍の到来を待ちうけている、というのである。

この報知をうけた煬帝は、高句麗の籠城している要塞はそのまま残して、若干の軍隊をとどめて抑えとし、精鋭を選抜して高句麗領内を通りぬけて国都平壌に急行させた。

総大将は第一軍の指揮官宇文述で、九軍の選抜兵を引きつれて、まず鴨緑江の西岸に集結し、鴨緑江を渡って南下した。この軍隊は人馬とも百日の糧食を携行することを命じられたが、百日分といえばたいへんな重さになる。その上に武器も棄てるわけには行かぬから、とてもそんなには持ちきれない。さらに軍命令が出て、大切な食糧だから粗

高句麗人の狩猟風景（壁画）

末にするものは厳罰に処するぞ、と言い渡される。そこで兵隊らは分配された食糧を地面を掘って埋めて前進した。だからほんとうに携帯したのは計画の何分の一かにすぎなかった。当然の結果として、まだ平壌へ半分の行程も進まぬ先に、もう糧食が欠乏してきて、極度に節約しながら行軍しなければならなくなった。

　高句麗のほうでは隋軍の状況を偵察するために大臣の乙支文徳《いっしぶんとく》というものに命じ、彼は偽って高句麗王降参の使者だといって陣中に乗りこんできた。隋の大将たちは、これを捕縛しようとか、それでは悪いとか議論しているあいだに、乙支文徳はだいたい隋軍の実情を見とどけた上で逃走してしまった。そして隋軍が糧食に不足しているのを知って、わざと戦っては逃げる。隋軍はうかとその誘いに乗って、一日のうちに七戦七勝、息もつかずに追いかけたのはよかったが、すっかり疲れ果ててしまった。平壌城のすぐそばまでやってくると、城は堅固だし、高句麗兵は多い。隋軍は疲弊してとうてい戦闘に堪えそうもない。そこへまた乙支文徳が現われて高句麗王の降参を申し入れてきた。

宇文述はこの降参を受け入れたことにし、それをせめてもの面目に軍を引き上げるのが唯一の方法だと考えた。ところがいざ撤退を開始すると、高句麗のゲリラ部隊は四方から攻撃を加える。これはちょうどナポレオンのモスクワ撤退と同じような惨めな退却であった。遼東城下から進撃した総勢三十万五千人のうち、帰ってきたものはわずかに二千七百人にすぎなかった。それも着のみ着のままで、武器も物資もすべて放棄して、命からがらたどりついたにすぎなかった。

海軍のほうも、陸軍の敗退を聞くと、そのまま為すところなく引き上げてきた。煬帝は真赤になって怒ってみたが、何の効果もなかった。この戦いでは高句麗の城一つ落すことができず、不名誉に不名誉を重ねた失敗だけに終った。煬帝自身も手持ち無沙汰に涿郡から東都洛陽へ帰ってきた。

戦争というものはまことに始末の悪いものである。それは投機や博奕と同じものである。一度勝つと、今度も勝とうと思ってまたやる。敗けると、今度こそは勝って取り戻そうと意気ごんでまたやるのである。煬帝の高句麗戦争は、天子自身も軽率であったが、それ以上に褒美を貰いたい上級将校がいきり立って始めた戦争なのである。それが思いがけない失敗に終り、あるものは戦死し、あるものは敗戦の責任で処罰されたりしたから、あとに残った将校たちは是が非でも、もう一度戦争して、前回こうむった恥辱を雪《そそ》ぎ、不名誉を挽回しなければならないと考えた。

煬帝にとっても思いは同じい。敗戦のすぐ翌年、大業九年に再び高句麗再征の命令が発せられたのである。そしてなまじいに運河というものができ上がっていて、軍事物資の移動がわけなくできることが、かえってあだになった。戦争を軽視する癖をつけてしまったからである。

宇文述は前の敗戦の責任者としてひとたび処分を受け、すべての官爵を剝ぎとられて平民に下されていたが、やがて敗戦の責任は後方からの物資調達が円滑でなかったからだ、という理由のもとに、もとの官爵を返してもらい、二度目の戦争にも再び総司令官に任命された。じつは宇文述の子の宇文士及が、煬帝の娘の華陽公主を娶っている関係から、そのほうからの運動が利いたのであった。

煬帝は前回の失敗は籠城している敵城をそのままにして、懸軍万里の冒険を犯したのに原因があると考え、今度は確実に土地を占領して行く戦略をとろうとした。高句麗の第一線陣地の中心は遼東城である。そこで正攻法を用いて遼東城を攻略しようとした。

四月、煬帝はみずから遼河を渡って遼東城下に迫り、準備してきた攻城機械で城を攻めさせた。飛楼というのは移動式の高台で、敵の城壁と同じくらいの高さに造り、底に車輪をとりつけ、これを敵城近くに乗りつければ、敵味方同じ平面で戦うことができる。撞梯《とうてい》はクレーン車で、長い梯子を車にのせ、運転して敵城下に乗りつけ、梯子の突端から戦士を城壁の上に降下させる。雲梯は梯子をとりつけた車で撞梯の後に従い、勇敢な戦士が続々、この梯子を伝わって敵の城壁によじ登って占領する。地道というのはトンネル工事で、敵の城壁の下にトンネルをくり抜き、敵の知らぬ間に城内に軍隊を送りこんで、内外呼応して一挙に敵城を占領するという戦法である。

ところが高句麗方もさるもの、命を棄てて防戦につとめるので、隋軍の新兵器や機械化部隊もそれだけでは万能でない。二十日ほど昼夜を分たずの激戦が続き、双方に死傷者おびただしく続出したが、遼東城は巍然《ぎぜん》として降参しないのである。

ところが折も折、煬帝の許へ一大事の至急報が舞いこんできた。それは後方の兵站《へいたん》基地の総司令、楊玄感が謀反を起こしたという報せであった。

十一　楊玄感の反乱

楊玄感の反乱は大いに煬帝を驚かしたには違いないが、しかしこのような反乱の根は深いところに前から萌《きざ》していたのであって、ただそれが急に表面化したにすぎない。そこでこの反乱を説明するには、もう少し時間をもどしたところから、語り直さなければならない。

そもそも天子の権力を確立するためには、ひとりの大臣をあまり重く用いてはならぬ、というのが文帝以来の隋の天子の方針であった。これは確かにそのとおりに違いない。天子の家を奪うものは、多くは大臣の家であったことは、歴史が正直に物語っている。だから文帝は始めに李徳林を重用して北周を奪い、帝位についてしまうと高熲を用いて南朝陳を滅ぼし、天下を統一した後は楊素を信任したが、やがて楊素を疎外して女婿の柳述を寵用するに至った。しかるに煬帝が兄を黜《しりぞ》けて皇太子となり、文帝の死後帝位に即くを得たことについては楊素の尽力が多かったので、煬帝即位とともに楊素も復活して、朝廷の実権を握り、弟楊約、子楊玄感なども高位に登って一族が繁栄したので、またもや煬帝にとって煙たい存在になってきた。弟の漢王楊諒の反乱も平定されて天下が静穏に帰すると、煬帝にとって楊素はもういらない人間である。大業二年に楊素は司徒という最高の地位に祭り上げられるとともに実権を失ってしまった。そして代りに信任されたのが宇文述である。宇文述の姓は前王朝の北周と同じであるが、ただしその同族ではない。しかし鮮卑族であるには違いなく、武川鎮軍閥の有力者であったので、北周から姓宇文氏を賜わったものである。宇文述と煬帝との結びつきは非常に早く、煬帝の奪嫡はむしろ彼の筋書きによったものであり、さらに彼の次男、宇文士及は煬帝の娘を妻に迎えていたから、姻戚関係にもあったわけである。

このような立場の変化は楊素として自覚しないではない。彼が司徒の位に昇されたころから病気にかかったとき、煬帝は宮中の名医を差しむけて診察させ、極上の秘薬を賜わったが、彼はそれを飲もうとしない。その弟の楊約をよんで、

「私はもうこの世に生き永らえようとは思わないのだ。」

と言ったとあるが、あるいは煬帝から毒殺されることを恐れたのかとも受け取れる。そ

れは煬帝が見舞いから帰った医者に楊素の病状を尋ね、早く死ねよかしの言葉を口に出したともいわれるほど、両者のあいだは水くさいものになっていたからである。

あるいはほんとうに楊素は煬帝に毒殺されたのだという噂もある。それは煬帝の皇太子楊昭が、楊素と一日違いに死んだことから起こった話らしい。それによると、楊素は大業二年七月、皇太子といっしょに宮中の宴会に呼ばれた。煬帝はこの機会に楊素を亡きものにしようと、特別の徳利に毒酒をいれて持ち出したところが、皇太子もそれと知らずに飲んでしまった。皇太子の方が一日早く死に、続いて楊素もその翌日に死んだのはそのせいだ、というのである。

楊素の葬式は煬帝の命令で盛大に行なわれたが、あとで煬帝は側近に向って、

「楊素の奴は一人で死んでよかった。もし生き永らえていたなら、家族までいっしょに族誅をこうむるところだった。」

と語ったとか。ともあれ、煬帝は前朝以来の功臣に対して、楊素の死後も仮借《かしゃく》なく弾圧を加えたことは事実である。

楊素の先輩であり、好敵手であった高熲《こうけい》も晩年にはひたすら経をよみ、俗事を度外に行ないすましていたが、楊素が死んだ翌年、煬帝の政治について蔭口を叩いたと告発されて死刑に処せられ、子供らは国境へ流し者にされた。高熲ばかりではない、南朝陳を

滅ぼす時に手柄をたてた賀若弼《がじゃくひつ》も、同じ理由で殺された。ただ朝政を非議したというような、曖昧な理由で、後世の歴史に残るような大仕事をやりとげた大臣が、片端から消されてしまったのである。だから楊素も、もし生き永らえていたなら、ほんとうにどうなったかわからない状態であったのだ。

煬帝が高熲を殺したのは、高熲が廃太子側の人であったからであり、これも宇文述の差し金によるものであったらしい。煬帝は頼りにしていた皇太子が二十八歳で亡くなると、急に心さびしくなってきた。それより六歳年下の次男楊暕《かん》は、見ているとどうも自分に似て、ろくでもなしの男らしい。死んだ皇太子の三人の子供はまだ幼児である。ところがいっぽう、兄廃太子の男の子が十人あるうち、八人は成長して今や立派な若ものになっている。煬帝の子孫に比べて、廃太子の家のほうがずっと充実してきたのだ。これでは枕を高くして眠れない、ということになった。

廃太子の気に入りの後宮の美人に雲《うん》氏があり、長男楊儼《げん》を生んだが、雲氏の父を雲定《うんてい》興《こう》という。はじめは自分の娘を太子にかしずかせて、それで大いに出世しようと思ったところ、当てがはずれてきびしい処罰をこうむった。そこで今度は新たに勢力を得てきた宇文述にとり入って再び出世の緒口をつかもうとした。煬帝の心中を知っている宇文述は、またこの雲定興を利用しようと思った。あるとき雲定興に向い、

「貴殿は近ごろしきりにせいを出して公儀のためにお働きになるが、それでいて少しも官位が上がらぬのはなぜかご存じか。それはどうやら、貴殿の外孫に当る、廃太子の子供の存在が邪魔になっているらしいですぞ。」

といわれて、雲定興は迷惑そうな顔をし、

「さりとは迷惑な人たちです。わたしはいっそあんな外孫など、どこかへ消えてなくなればいいと思っているのです。」

と答えた。自分一個の出世のためには、娘や外孫などはどうでもなれ、という恐ろしい時代だ。宇文述はわが意を得たりと膝をすすめ、そこで無慈悲な陰謀が企てられたのである。両人で口裏をあわせ、廃太子の長男楊儼らは、煬帝が外征などのため、油断している隙をねらって謀反を起こす虞《おそ》れがあると訴え出たので、煬帝は待っていた、といわんばかり、楊儼には毒酒を賜わって鴆殺《ちんさつ》し、その七人の弟は嶺南の田舎に流し者にしたが、これも使をやって途中に待ち伏せ、みな一度に殺してしまった。

煬帝は死んだ皇太子の孫が可愛かったので、帝位をその系統に伝えるつもりであった。斉王に封ぜられている次男の楊暕は、自分の子ながら信用ができない。その上にひとりの美人をめぐる鞘当てまで起こって、いよいよ父子のあいだが味気ないものになった。事の起こりは煬帝の姉、楽平公主が煬帝に向い、

「柳氏の家にすばらしい別嬪《べつぴん》がいますよ。」

と教えたことから始まる。その時は煬帝はべつに深く気にとめないでいたようなので、しばらくしてから、公主は斉王の楊暕に同じ話をし、楊暕はすぐにこの美人を自分の家に迎えいれた。ところが煬帝は女に関する話なら、一度聞いたら忘れぬ性質なので、ずっとたってから後、公主に向って例の柳氏の娘はどうしているかと尋ねた。公主は楊暕の家に入ったことを告げたので、煬帝は鳶に油揚げをさらわれたように、はなはだ不興気であった。


楊暕の正妻は韋《い》氏であったが、早く卒して子がなかった。ところが韋氏にひとりの姉があり、元氏の家に嫁しているにもかかわらず、楊暕はこの姉と通じて一女をもうけた。おそらくこの姉は夫を失って寡婦になっていたのであろうが、中国では表向きの道徳からいうとこれはたいへんな問題になる。その上に楊暕がこの韋氏の生んだ赤ん坊の人相を見さすために、易者を呼んだところが、その易者は、

「この子の母親は皇后さまになられる方です。」

といったとか。それがほんとうなら、父親は当然、天子にならなければならぬ。煬帝は帝位を皇太子の孫のほうへ伝えようと思っていたさいではあり、この事実が発覚したので、ひどく腹を立てた。

楊暕の娘を生んだ韋氏は死を賜わった。楊暕の側近は輔導の任を果たさず、職務怠慢だというので、数人が死刑に処せられた。楊暕本人もきびしい咎めを受け、向後はいっさい政治に参与させず、目付けをひとりつけて、つねにその行動を監視し、どんな小さな過失でも見逃さず、必ず煬帝に報告させた。

煬帝は遠い将来のことを考えるとだんだん心細くなってきた。むしろ恐ろしくさえなってきた。よく考えてみると、ほんとうに自分の本心を打ち明け、苦楽を共にする人間は、この広い世の中に一人もないのだ。宮中にも政府にも、あり余るほど多勢の人がいるが、それはただ煬帝の権力に従っているだけなのだ。それは従っていれば自然そこに利益がわいてくるのを期待しているだけだ。ところがこの権力はいったいいつまで続くのだ。自分の周りに集まってきている人間は例外なく、機会さえあれば自分が天子になり代って権力を握ろうと、隙をねらっていないものはひとりもない。周囲がみんな敵なのだ。虎視眈々《こしたんたん》として自分をねらっているのだ。そんなことをあれやこれやと考え出すと、夜もおちおち眠れない。眠ってもすぐ目がさめる。目がさめたらもう二度となかなか寝つかれない。煬帝はだんだんノイローゼになってきた。

煬帝のノイローゼは大業八年ごろからひどくなってきた。いつも夜中にびっくりして跳ね起きるのである。おそらく強迫観念におそわれて、誰かに斬りつけられるような夢でも見るのであろう。

「どろぼうだッ。」

といって飛びあがる。宮女が数人かかって取り鎮め、身体中をさすってやると、やっと安心して眠りにつくのであった。

こうなってくるといよいよ長生きがしたくなる。自分が死んだら一家は滅茶苦茶だと考えるからである。そこで手を尽して長生の法を探し求めた。するとそういう時には、えてして大山師が現われ出るものだ。

嵩高山《すうこうざん》に住む道士、潘誕《はんたん》という男、自称年齢三百歳。

「わたしが天子のために不老長生の金丹を煉って差し上げましょう。」

と名乗り出た。煬帝は、それを真にうけて、特別の道場として、嵩陽観《すうようかん》という宮殿を建てて与えた。仙薬を製造するには汚れのある大人では役に立たぬので、童男童女おのおの百二十人を助手として与えた。その原料を集めるために数千人の人夫を徴発して働かせた。道士のいうところによれば、金丹を煉るには、石胆、石髄というものが必要で、それは嵩高山の地下に生えているという。そこで嵩高山へ行って穴《あな》を数十ヵ所、いずれも深さ百尺に達するまで掘っては探すのだが、なかなかそれが見つからない。数年がかりで莫大な費用を使っても、金丹の原料はとうとう出てこなかった。すると道士がいう

には、

「もし石胆、石髄がどうしても見つからぬ場合は、童男童女の胆と髄とをそれぞれ三石六斗ずつあれば代用品になります。」

と答えた。さすがの煬帝も欺されたことを知って腹を立て、この道士を斬罪に処した。ところが、この道士はどこまでも本気で、

「気の毒なのはわたしでなくて天子のほうだ。わたしは刃で斬られてもそれは肉体のことで、本身は梵摩天《ぼんまてん》の極楽へ行くのですぞ。」

と言いながら殺された。

以上のような経過を、冷やかな目で注意深く見守ってきたのが、楊素の長男、楊玄感であった。いったい楊素の家柄は漢の大臣であった楊震以来、連綿と続いてきた名家だという誇りがある。隋の王室もこの一族だと称しているが、このほうはこじつけにすぎぬようである。しかし、たとえ家系は違っていても、姓が楊氏であるという点において、楊素の一家は隋の王室と同姓なので、これとは婚姻ができぬのである。ところが朝廷に勢力を扶殖するには、姻戚関係を名にして喰い入るのがいちばん早い。隋の文帝は北周の外戚として実権を握ったし、晩年には女婿の柳述を寵用したが、今や宇文述が煬帝の婿の親として信頼を一身に集めている。そういう私的な因縁がなければ、天子に信頼さ

れないのが当時の実状であった。だから楊玄感にとって、裏口から廻って煬帝に取り入り、再び信頼をかちえることはまったく絶望である。

かえって楊氏の一家は危険な状態におかれている。それは楊素があまりに働きがありすぎ、同時に蓄財にも抜け目なく、荘園や邸宅や奴隷や財宝を、人目につくほど貯えこんだためである。当時の中国はまだ中世的社会で商業が十分に発達していない。したがって財産の移転は金銭によって売買されるのでなく、権力に従って動いて行くのである。だから権力家の大臣が失脚するのは、天子の猜疑心によるばかりでなく、官僚間の利権競争にもよることであった。ひとりの大臣の家が改易《かいえき》されると、その莫大な財産が没収されるが、それが天子から恩賞として再び有功者に下賜される。こうして官僚はだんだん下から努力しては上層へ浮び出るが、極限まで上りつめると、今度そこに待ちうけているものは急転直下の没落なのである。そしていったん没落の淵に臨んだものは、誰ひとりとして助けてくれようとせぬ。かえって少しでも多く戦利品の分配にあずかろうとして、みんなで力を合せて追い落す手伝いをするのである。

だから当時の官僚は、一日といえども安閑としてはおれない。絶えず動いて、絶えず上昇を続けていなければならぬ。これは大臣の家も同様である。大臣ともなればその上はいわずと知れた天子である。天子といっても、当時の天子ははじめから特別なものではない。なれるものなら誰が天子になっても構わぬのである。この点は宋以後の近世の天子とは全然違う。中世の大臣は皆が皆、もし天子になれる機会があれば、喜んで天子になろうと隙をうかがっていたものばかりであったのである。こういう時代において、楊素の子、楊玄感が謀反を企てたといって少しも驚くには当らない。

大業九年の煬帝の第二回の高句麗侵入のさい、楊玄感は黄河と永済渠運河の交叉点に当る黎陽《れいよう》において、漕運の監督を命ぜられていた。これは主として南方から運河によって運ばれてくる物資をここで積みかえて、前線基地の涿《たく》郡まで送りとどける仕事である。楊玄感にとってはこの任務ははなはだ不満であった。彼は前線へ出て軍隊を指揮したかったのである。ところがその指揮官は前に失敗を演じた宇文述がそのまま起用されてしまった。しかも前回の宇文述の失敗は彼自身の落度からではなく、後方の兵站《へいたん》基地からの物資輸送が円滑でなかったためだと言いぬけて、二度目の指揮官に任ぜられている。いっぽう、敗戦の責任を帰せられた後方兵站基地の主任に、今度は楊玄感が任じられたのだ。もし今度また戦争に敗けると、楊玄感がその責任を背負わされることにならぬとも限らぬ。

こういういろいろな材料を総合して判断すると、楊玄感のとるべき態度は自然に定まってくる。このさいは一か八かの運をためすべき時なのだ。そこで着々と陰謀が進められる。時も時、陰謀にはもってこいの好い相棒が見つかった。それは蒲山公という爵をもつ李密である。

李密は武川鎮軍閥の有力者、北周王朝のための開国の功臣、八柱国の一人李弼《りひつ》の曽孫である。この家は李弼の死後も代々貴族として栄え、北周から隋へ王朝が更代する時も、その孫の李寛が武将として功を立て、蒲山郡公の爵を賜わった。その子がすなわち李密であり、父の死後、爵を嗣いだのであったから、当時にあっては、一流の軍功貴族である。だから、李密を没落貴族だというのは当らない。彼が宮仕えをしなかったのは、当時の朝廷の実情を見ては、ばかばかしくてやる気になれなかったからであろう。李密は若い時から楊玄感と肝胆相照らした仲なので、反乱を起こしたらば互いに援け合うくらいの約束ができていたと思われる。

楊玄感を謀反に踏みきらせたもう一つの原因は、このころ各地に蜂起した人民の反乱である。煬帝が第一回の高句麗侵入を企てた大業七年には山東河南地方が大水で、三十余郡が漂没の災にかかった。その翌年は天下が旱魃《かんばつ》の上に疫病が流行し、山東地方が最もはなはだしかった。それを構わずに決行した高句麗征伐軍がさんざんに打ち敗かされて帰ってきたのであるから、その人心に与えた衝撃ははなはだ大きなものがある。こんな政府ならばないほうがましだと、誰しも人民が考えたであろう。ほうぼうに反乱が勃発した。

楊玄感は前線へ輸送する物資を計画どおりには発送しなかった。それは盗賊が各地に現われて掠奪する危険があるので、警備を強化した上でなければ送ることができぬという口実のもとに、前線の士気をわざと低下させようというねらいでなされたというが、あるいはほんとうに道路が梗塞《こうそく》していたのではないかと思われるふしもある。そこで前線にいる煬帝からは早く物資を送ってよこせと、櫛の歯を引くような催促である。いずれにもせよ、楊玄感のほうには、先んじて事をあげなければ、遅くなるにつれて不利益になる事情があったに違いない。そこであまり広い範囲に同志を語らいあう時間をもたず、準備不足のままで旗を上げなければならなかったようである。辛うじて連絡がとれたのは前線にいる斛斯政《こくしせい》、長安にいる李密および両地にいた自己の兄弟ら数人にすぎない有様であった。

この旗上げの様子を見ると、どうもはなはだすっきりしない。始めは煬帝の海軍司令官の来護児《らいごじ》が謀反したから、それを討伐するのだといって、部下の軍夫を武装させ、付近の郡県に命じて軍隊を動員させた。さて戦闘部隊が集結したところで、はじめて煬帝の失政を数えて、自己の謀反の態度を明らかにした。

「今の天子ほど無道な君主はかつて見ざるところである。百姓のためなど微塵《みじん》ほども気にかけず、天下を騒動させて遼東に出兵し、死者を数えるに一万を単位にせねば数えて行けぬくらいだ。いま諸君とともに兵を挙げて万民の難儀を救おうとするがどうだ、協力してくれるか。」

というと、集まった軍隊は勇躍して、万歳を叫んだ。

この旗上げがすんだところへ、長安から同志の李密と弟の楊玄挺《ようげんてい》が馳せ参じた。楊玄感は李密に向って、これからどういう行動をとったらよいかを相談した。李密の意見は、「さし当ってとるべき行動には三つのやり方が考えられましょう。第一は高句麗前線へ向って逆寄せに攻めて行く。天子を含めた前線部隊は、向う側には高句麗軍が控えており、こちらからはわが軍が攻めて行けば袋の中の鼠も同然、そのうちには糧食も尽きましょうから軍隊は手を束《つか》ねて降参してくるほかありません。これが上策であります。次は直ちに長安に乗りこむことです。長安は何といっても国都ですから、ここを占領すれば天下に号令することができます。それについては敵の準備の整わぬうちに急襲しなければなりません。途中に城や町があってもそれらにはいっさい目もくれず、ただ真直ぐに長安を衝きなさい。これが中策です。第三の方法はいちばん手近いところにある東都洛陽を占領することです。しかしここには備えがありますから、急に攻め落すことができないかもしれず、時間がかかって危険なやり方だと思います。これがいちばんの下策になります。」

と現状と戦略の比較分析を行なった。しかし楊玄感は李密の献策とは反対に、

「私の考えでは貴殿のいわれる下策がかえって上策と思われる。いま百官の家族はいずれも洛陽にとどまっている。ここを占領してそれを人質に取れば皆が争って降参してくるに違いない。また貴殿のいわれるように籠城している陣地をそのまま見逃して、先へ進むようでは軍隊の威光にもかかわることではあるまいか。」

といって、いちばんの下策に従ってまず洛陽を攻めることにした。李密は嘆息して、

「楊公はただ謀反を起こしさえすれば成功するものと思うだけで、ほんとうに成功させる手段を知らない。これはとんだ仲間にひきこまれたものだ。」

と後悔したという。

しかし楊玄感のほうにもそれ相応の理由があったのであろう。楊玄感にとって最大の弱点は、手許に精鋭な騎兵部隊を持たないことであった。人数だけならばいくらも集めようとすれば集まるが、中心になる戦闘部隊がない。だからもし前線へ逆寄せしてみても、煬帝の率いる騎兵部隊にあえば、こちらは烏合《うごう》の衆なので一たまりもなく蹴ちらされぬとも限らない。長駆して国都を衝くというような戦略も、これはよほど訓練をつんだ部隊でないと実行できないことだ。李密よりも楊玄感のほうが、より実際的であった

のかもしれない。

楊玄感の軍は黎陽《れいよう》から洛陽へ到着するまでは破竹の勢いで進み、抵抗する軍隊があれば打ち破ってその武器を獲得したので軍容大いに振った。楊玄感はいつも、

「拙者の官位は上柱国、家財は数万万、地位も財産もこの上ない身分だが、いますべてを擲《なげう》って一か八かを争うのは自分一身一家のためではない。天下の人民のために地獄の責苦から救い上げようと思ってのことだ。」

と宣言して人民を感動せしめた。そこで軍の通過するところ、父老は牛酒を献じて軍隊を慰労し、子弟は進んで義挙に加わって一働きしたいと申し出るものがひきもきらなかった。

しかし洛陽城に到達すると、さすがに副都だけに城郭は壮大であり防備が堅く、守将は勇名高い樊子蓋《はんしがい》であるから、そうたやすくは攻め取りがたく見えた。まさに李密が予想した通りである。そのうちにかえって長安のほうから援兵さえやってきたので、楊玄感は軍隊を二た手に分けて敵に当らねばならなくなった。その上、反乱の報を得た煬帝が、諸軍に退却を命じて洛陽救援に向わせ、その先鋒が黄河を渡って間近に迫ってきたので、またそのほうへも兵を分って備えなければならなくなった。

そこで楊玄感は急に方針をかえて、前に李密の献議した中策をとることにし、全軍を

まとめて一挙に長安を衝く戦略に出た。もちろん途中の城塞《じょうさい》にはそのまま目もくれず、前進を続ける予定であった。ところが、半途で弘農宮という離宮のそばまで来たときに土地の父老たちが出迎えて、弘農宮には山のように糧食が積んであるから、これを攻略すればきっと莫大な利益になると説いた。おそらく搾取された人民にとって、怨みの的《まと》になった贅沢な離宮であったのであろう。その話をきくと、楊玄感はまた気が変って、弘農宮を攻めにかかった。このように方針がたえずぐらついて、一定しなかったのが、楊玄感にとって致命的な失敗であった。

楊玄感の兵は弘農城を攻めてその城門を焼くと、城内ではその内側にさらに薪を積んで火を盛んにしたので突入することができず、ここで空しく三日を過してしまった。そのうちに前線から引き返してきた隋の大軍が追いついてきて攻めたて、楊玄感の軍隊はちりぢりに打ち破られてしまった。楊玄感は自殺し、弟の楊積善が介錯《かいしゃく》して自分もいっしょに死のうとして死にきれずにいるところを捕えられた。こうして天下を聳動《しょうどう》した反乱も意外にあっけなく討ち平らげられたのである。

楊玄感の屍体は東都洛陽の市場に磔《はりつけ》にして三日間曝《さら》したのち、こま切りにして火に焚いた。その一党はとくに峻厳な処刑をこうむった。車裂《くるまざき》の刑に処せられたものも少なくなかった。煬帝はこのために設けられた特別裁判所の所長に向っていいわたした。

「楊玄感のような人間でも、一呼して立ち上がれば、ただちに追随するものが十万人も出てくるとはいったいどうしたことか。どうも人間がいったい多すぎるかららしい。多すぎるからこそ集まって盗賊になるのだ。だから悪い奴は片端から捕えて殺すがいい。それでないと今後の見せしめにならぬ。」

そこで裁判官らは、つつしんで聖旨を体して少しも手心を加えずに処分したものだ。楊玄感から少しでも施しを受けた貧民があれば、洛陽城の南に穴を掘って殺しては埋めた。およそ三万人が殺され、その家族はみな奴隷に落された。軍事裁判のことだからはなはだ手荒く、その半数は無実の罪であったといわれた。

そうかと思えば李密のように、巧みに逃亡して行方《ゆくえ》をくらますものもあった。もっとも彼も一度はつかまったのだった。東都へ護送される途中で彼は有り金を残らず警官に見せて、

「わたしらはどうせ死ぬ身だ。死んだらせめて骨でも拾ってどこかへ埋めてくれ給え。こんな金はもう何にもならなくなったから全部君らにあげる。いっぱい飲んで景気をつけてくれよ。」

と、いかにもきっぷのいいところを見せた。警官らは相手があまり思いきりがいいようだし、たっぷり金は貰ったし、できるだけ丁重に待遇し、酒を買って飲むくらいは大目

にみて過した。そこで李密は仲間十数人と、毎晩、酒を飲んでは賑やかに騒いだ。そのうちに警官もつい仲間に入って酒を貰って飲むようになった。只酒《ただ》ほど高いものはない。ある晩、李密らはしたたか警官らを酔わせておいて、その隙にみんなで雲を霞《かすみ》と逃亡してしまったのだ。

このとき李密といっしょに護送された仲間で、誘われても逃げずに残っていた正直者がいた。自分は脅迫されて一時的に楊玄感の仲間に加わっただけだから、すぐ赦免にあうものと多寡をくくっていたのである。ところがこの男は、楊玄感のために檄文を書いて煬帝を悪《あ》しざまに罵ったというので、他の重罪者といっしょに野原に引き出され、百官に矢の集中掃射を浴びせられて針鼠のようになって死んだ。ちょっとでも正直なことをしようとすると、いちばんひどい目にあって損をする世の中であることを、彼が知らなかったのが悪かったのだ。

楊玄感の反乱のために、煬帝の第二回の高句麗出征はまたもや竜頭蛇尾に終り、山のような武器、軍需物資を高句麗領内に放棄して退却せざるを得なかった。これらも結局はみな人民の膏血《こうけつ》をしぼって調達したものであったのだ。

失敗すれば失敗するほど、前の失敗を取り戻そうとして焦るのが煬帝の凡庸な点であった。煬帝はまたも懲りずに、第三回の高句麗侵略の軍を起こした。

大業十年、煬帝は三たび遼東に兵を進めた。実際はこの時、隋の領土内には楊玄感の反乱の余波で至るところに農民が蜂起し、少し慎重に考えれば外征などの余裕のあるはずはなかったのであった。ただ幸いに高句麗のほうでも国力がもともと貧弱なので、そう何度も続けて隋と対決する自信がない。そこで辞を低くして降参を求めた。ただし降参といっても高句麗王自身が入朝することではない。煬帝のほうでも、とにもかくにも面目さえ立てばというので、降参を受け入れる、という恰好だけをつけて軍を返した。これではいったい何のための高句麗戦争だったかわからない。さすがに高慢な煬帝も、有耶無耶《うやむや》にこの始末をつけなければならなくなったのは、内地に到るところ盗賊がはびこり、さらに彼自身の率いる出征軍士に厭戦気分が充満してきたからであった。

煬帝が軍を引き上げて都に帰る途中、八千人から成る盗賊団に煬帝の禁衛隊を襲われ、四十二匹の駿馬を盗んで逃げられた。

十二　揚州へ逃げた煬帝

煬帝が高句麗の前線にあって楊玄感の反乱の報せを聞いたとき、狼狽して大臣の蘇威《そい》に、

「楊玄感という男は聡明な男だ。それがそむいたとなると、これはたいへんなことにならねばよいが。」

と尋ねると、蘇威は落ちついて、

「いや、あの男は聡明とはいえません。今どき謀反を起こすのは天下の形勢がわからない証拠です。楊玄感は心配に及びませんが、心配なのはそれから後のことです。」

といった。果たしてそのとおりで、楊玄感の旗上げに呼応して各地に起こった反乱も、一応は平定されたように見えて、じつは徒党が一時的に地下に潜っただけであり、やが

て隙を見ては蜂起するのであった。そして困ったことに、楊玄感の騒動のあいだに、多量の武器が民間に流れる結果になった。

隋は文帝の時から人民の蜂起を慮《おもんぱか》り、人民の武器を取り上げる政策をとった。天下統一の後六年目（五九五年）に、天下の兵器を収める詔を出し、全部を政府に提出させ、今後、武器を私造するものは厳重に処罰すると布告した。ただしこの時は国境と長安の付近だけを除外例とした。煬帝が位について大業五年に、再び前の禁令を強化して、鉄製品の武器類似のもの、刺股《さすまた》や突棒《つくぼう》や熊手の類に至るまでを民間に用いることを禁じた。ちょうどこのころは大運河の開鑿《かいさく》のために多数の人民を民間から徴発して使役した最中であったので、彼らが不満を抱いて暴動化するのを予防する意味があったのであろう。

ところが楊玄感の乱は、国内の中央、いちばん繁華な地方で派手に戦われたのである。戦場には多数の武器が遺棄されたであろうし、政府軍から逃亡者が出るときは、武器を持って走ったであろうし、反乱軍が潰散《かいさん》するときも武器を隠匿《いんとく》して逃げたであろう。そして直接、楊玄感に加担しなかった大小の団体は、前からひそかに機会をねらっていたので、彼らの最も熱望していた武器を入手する好機会を得て、武装団体が各地に発生した。こうなってくると、もう政府も手のつけられぬ混乱状態に、社会全体が捲きこまれてしまうのである。

中国の歴史にはいつの世にも反乱の記事が多いが、隋の末期ほど至るところで反乱が起こった例はあまりない。この時の一つの特徴は、その数が多いばかりでなく、その性質、その動機が多種多様を極めている点にある。

楊玄感の謀反はそれが朝廷の大臣の子であるという点で特異であったが、彼ほどでなくても累世《るいせい》仕官の家、つまり貴族階級から反乱を起こした例はほかにもある。山東地方の平原郡の劉覇道《りゅうはどう》の乱がそれである。代々官員を出した家であるから、財産も富厚であったが、交際を好み、食客《しょくかく》がいつも数百人いたという。世の中がだんだん騒がしくなると、いよいよ食客が多くなり、中には事を好むものが多いので、皆で劉覇道を担ぎ上げたのであろう。ところがいざ旗上げしてみると、たちまちのうちに十万人もの人数が集まって大きな勢力になった。

宗教結社の蜂起もあった。宋子賢は幻術を能くし、みずから仏陀の化身に変形してみせ、弥勒仏《みろくぶつ》が世に出て衆生《しゅじょう》を済度《さいど》するのだと称した。無遮《むしゃ》の大会を開き、信者を集めたところで蜂起して煬帝を襲い、代って天子になろうと企てたが、計が洩れて捕えられて殺された。これに連累して同志千余家が殺された。ところがすぐそのあと、沙門《しゃもん》の向海明《しょうかいめい》なるものが、やはり弥勒仏の出世と称して人民の信仰を集めた。長安付近にとくに信者が多くなったので、やがて兵を挙げて反した。つき従う者が数万になり、皇帝と称し、白烏と年号を立てたが、政府軍のために討平された。

徴集された国民兵の反乱もある。これらには志願兵と徴兵とがあるが、どちらも本心は理由のない戦争に狩り出されるのが嫌だったのであろう。これは竇建徳《とうけんとく》、孫安祖《そんあんそ》の場合がそれである。孫安祖は煬帝の高句麗戦争のさいに徴発されて出征するはずであった。しかし折悪しく起こった洪水で家は流され、妻子が餓死したような惨状だったので、しばらくの猶予を願った。すると県令はお上《かみ》の命令に従わぬ不心得者だというので笞刑を加えた。孫安祖は憤慨して県令を刺し殺し、亡命して竇建徳のところへ逃げてきた。竇建徳の方は志願兵で二百人の隊長に選ばれ、これも出征する直前であったが、孫安祖が逃げてきたので家に匿《かくま》ってやった。竇建徳は孫安祖にすすめて、

「こんな無謀な高句麗戦争などを続ければ、隋王朝の命脈もそう長くはないでしょう。男と生まれてきたからには、死んでも後悔しない仕事をしてみるものです。亡命してそこらを逃げながら日蔭者の暮しをするなんて見苦しい。いま人民はお互いに水災の痛手の上に、政府の虐政に悩んでいるときですから、立ち上がるなら今ですよ。」

といって無頼の少年数百人を集め、孫安祖に与えて雞泊《けいはく》という沼池のそばに匿れさせた。政府軍は竇建徳を疑い、その家族を捕えて殺したので、竇建徳は部下の二百人とともに

孫安祖に加わって盗賊となった。

　知識階級の中からも反乱が起こった。これは江南の蘇州の付近から起こった朱燮《しゅしょう》の乱がその例である。朱燮はもと道士の還俗《げんぞく》したもので経学・史学に通じ兵法を好んだ。崑山県の博士に任じられたが、数十人の学生といっしょに兵を起こした。こんな例は歴史上にもあまり例がない。人民の軍役に苦しむものが流れるように集まってきた。付近から起こった劉元進、管崇《かんすう》と兵を合せて蘇州に拠《よ》り、劉元進が天子と称し、朱燮、管崇がその尚書《しょうしょ》、僕射《ぼくや》などの大臣になって政府を建てると、付近の諸郡の土着の豪族が呼応して立ち上がり、隋の地方官を殺してつき従った。

　このようにして種々の動機から、また異なった階級から、徒党を集めて反政府的集団を造るものが多かったのであるが、さてこれからの行動はというと、これも多種多様である。おおむねは掠奪を働く盗賊であった。それがいちばん生きるために手っ取り早い方法だからである。大ていは食うに困って、ただ生きんがために反乱に加わった人が多い。人のことなどは構っておれぬ、というのが当時のせっぱつまった実状であった。だからいよいよ困った揚句、ぎりぎりのところまで行けば、ずいぶん人を殺して食うことさえ敢えてした。朱粲《しゅさん》の仲間がそれであったという。

　反乱が瞬く間に全国的に広まった理由は、いずれにも共通した要素として煬帝の虐政に対する反感がある。この反感をどのように表現するかについて、集団ごとに相違が見られる。たいていの反乱においては、隋の官吏、および貴族の子弟を捕えるとみな殺してしまう。さらに広く知識階級そのものに反感を示すものもある。孟海公は、経学や歴史のことを口に出すものを見ると、すぐそれを殺したというが、おそらくこれは知識階級の子弟が、この反乱を易姓革命の方向へ持って行こうと献言した場合、むかむかと腹を立てたのであろう。しかし中国では、それでは大きな勢力になれない。いつまでも掠奪者にとどまっていて、支配者にはなれないのである。竇建徳《とうけんとく》はその家族を官吏に殺されたが、官僚を捕えてもよく待遇してやった。そこで隋の官吏の中にも進んで降参するものが多くなり、にわかに頭角を現わして群雄中に覇を唱えるようになってきたのであった。

このように天下の形勢が険悪になっても、朝廷の官吏はなるべく真相を煬帝に知らせぬように努力した。実際は知らせても何にもならぬのだ。煬帝は数年来、ノイローゼになって、だんだんその度がひどくなる。そこへ地方に盗賊が蔓延《まんえん》しているなどというと、いよいよ健康上ためにならぬ。だいいち、側近のものが介抱に困るのだ。そこで煬帝のほうでは、天下はいつまでも平穏無事で、家運はいよいよご安泰だと信じこんでいる。そこで、第三回の高句麗戦争から引き上げてきた翌年、大業十一年に、今度は長城を巡視して東突厥《とっくつ》の可汗《かがん》に会見するといいだした。

隋に対して最も従順であった啓民《けいみん》可汗は大業五年に亡くなって、その子の始畢《しひつ》可汗があとをついだ。隋のほうでは始畢可汗の勢力が次第に強盛になってきたのを見て危惧《きぐ》の念を抱き、しばしば小策を弄《ろう》してその勢いを殺《そ》ごうとした。はじめにその弟を擁立して南面可汗とし、兄と勢力を争わせようとしてこれは失敗に終った。次に始畢可汗の参謀で、反中国的な傾向のある側近者を誘いよせて無断でこれを殺して、可汗の怒りを買った。そんな気まずいことが重なってきている折、煬帝はもと啓民可汗に草取りをさせたことを、もう一度やろうとして、長城への巡幸を思い立ったのである。しかし今度は政府の財政が逼迫《ひっぱく》していたためか、前のような大がかりなお供ぞろいを揃えることはできなかった。

煬帝が山西省北部にあたる長城に近づいたさい、急に始畢可汗が数十万の騎兵を率いて襲撃に来たという報が伝わった。煬帝は慌てふためいて、最寄りの鴈門《がんもん》城にとびこんで籠城した。城はたちまち突厥騎兵のために十重二十重に取りかこまれて蟻の這い出る隙もない。城中の住民と立て籠った軍隊とで人口は十五万にふくれ上がったが、食糧を調べてみると二十日分しかないことがわかった。突厥は大軍を手わけして、入れ代り立ち代り攻撃をしかけてくる。敵の矢が煬帝の目の前に落ちることもある。すると煬帝はまったくの意気地なしで、最愛の末子、九歳になる趙王を抱いてよよと泣きくずれ、目ぶたが腫れふさがるほど泣いたとは、何とも腑甲斐ない次第であった。

大臣の宇文述は煬帝にすすめて、数千騎を率いて囲みを突破して見てはどうかと献議した。これに対して前の楊玄感の反乱平定に大功を立てた樊子蓋《はんしがい》は、

「天子たるものはそのような危険を冒すものではありません。この鴈門城は小さいながら堅固にできていますから、せいいっぱい城に拠って防禦してみることです。そのうちに四方からの援軍が集まってくるでしょうから、しばらくのあいだの辛抱です。しかしそれまで士気を鼓舞するために、特別の措置が必要です。この急場を切り抜けたさいには将士に対して、どれだけの賞与を与えると、はっきりした約束をなさいませ。また人民に対しては前に高句麗戦争を起こしたようなことは、今後は絶対にやらぬと全国の官吏人民に公約なさいませ。そうしたなら、きっと城中の軍士も勇気がつき、四方の官兵も本気になって応援にくるに違いありません。」

と、煬帝に対していちばん言いにくい忠言をした。というのは、煬帝という天子は、自分の遊興のためにはいくらでも費用を惜しまずに使うが、臣下に対しては甚だ倹約で吝《け》嗇《ち》なのだ。戦争で手柄を立てたものにも、褒美《ほうび》をやる段になると急にそれが惜しくなってやめるという性質なのだ。現に楊玄感の反乱の場合でもそうだった。樊子蓋なども、

煬帝から口でたいそう賞められたほどには、実質的な賞賜《しょうし》をあまり貰わなかったのだ。だからこのさい、ちゃんとどれだけの賞賜を与えると、はっきり公約してほしいというのだ。

　煬帝も背に腹はかえられぬ。天子みずから前線を巡視して将士を激励して言った。

「ご苦労、ご苦労。もうしばしのことだからしっかり頼むぞ。この敵を撃退することさえできたら、きっと皆には一財産つくるほどの賞賜が約束されているぞ。決してこの約束は反古《ほご》には致さぬ。」

　天子の巡視のすぐあとから、勅使が新しい命令を布令《ふれ》てまわった。

「今度の防禦に働いて手柄のあったものは、まったくの平民でも六品官を授け、絹百反を与える。すでに官位を有するものはその分だけ昇進させる。」

　これは大した奮発だとみな思った。軍士らは勇気百倍して敵に当った。昼夜を分たぬ激戦で、敵にも損害を与えるが、味方にも死傷が多く出る。しかしこれも褒美のためならと、歯を喰いしばって奮闘したものだ。

　鴈門城の応援に真先にかけつけたのは、雲定興《うんていこう》であったが、その幕下に十六歳の少年がいた。名を李世民《りせいみん》といい、武川鎮軍閥の有力者李淵の次男である。雲定興にすすめて、多くの旗幟《きし》と太鼓を用意させた。昼のあいだは旗を風になびかせては行軍する。夜になるとあちらこちらで太鼓を叩いて合図しあう。突厥《とっくつ》の斥候《せっこう》兵はこれを見て、大軍が出動してきたと判断した。ぐずぐずしていると今度は攻守ところをかえて、突厥軍が隋軍に包囲されぬとも限らぬ。始畢可汗はついに鴈門城攻略を断念し、騎兵の駿足を利用して音もなく引き上げた。煬帝の軍隊ははじめ敵の計略かと思って用心したが、恐る恐る斥候を出して偵察させると、今まで山や谷に満ち満ちていた敵兵は影も形も見えなくなっている。一同はやっと胸を撫で下ろして安心した。

ところが煬帝が東都洛陽へ帰ってひとまず落ちつき、いざ籠城の将士に賞与を与えようという段になると、またそれが惜しくなってきた。大臣の中にも先だっての公約はあまり気前がよすぎて、今後もしあれが先例になっては困りますと、いつもながらの官僚主義的な議論が有力になる。先の建議者であった樊子蓋が心配して、

「天子がいったん公約なさったものを、今になってこちらから蹂躙《じゅうりん》しては、これから働くものがなくなります。」

といって煬帝を諫《いさ》めると、煬帝はかえって機嫌を悪くして、

「お前はそうして軍人のあいだに人気を博して、それからさき、どうするつもりだ。」

と嫌味をいわれたので黙って引き下がるよりほかなかった。結局今度の恩賞も、前の楊玄感の内乱平定のさいの基準より上には出さないことにした。籠城して実戦を経たもの

が一万七千人あったうち、名目的な官位だけでも、一級進めてもらえたのはまだ運のいいほうで、それはわずかに千五百人しかない。しかも実質的な賞賜になる絹はいっさい誰にもやらない。いったい楊玄感平定のあとでの叙勲《じょくん》の基準がそれ以前よりもずっと引き下げてあったのに、今度はあれほど堅い約束をした公約をまったく反古にしてしまったのだ。煬帝の方針はいつもこのとおりで、のどもと過ぎればすぐ熱さを忘れるやり方であった。これは現時にも公約を守らぬ政治家なるものに通用するよい教訓になるはずだ。それは以後の事実が追い追い説明することだろう。

翌年は大業十二年、正月元旦には百官が参内し、地方の郡からは慶賀の使者、朝集《ちょうしゅう》使《し》が集まって賑やかに式典が挙げられるのだが、この年は欠席者の多いことが目だって見えた。途中で起こった反乱のために都へ来られなかったのである。

煬帝はいよいよノイローゼがひどくなって、東都の宮中に書院を建てたが、誰も近づかないような装置を仕かけた。建物の入口に真四角な扉がついているが、これが自動開閉式だ。煬帝が入室する前に宮人が香炉を手に持ち、扉に近づいて足でボタンを踏みつけると、頭の上のほうから天人が二人降りてきてカーテンを捲き上げ、同時に入口の扉も書棚の戸もひとりでにするすると開く。そこへ煬帝が入って書見をする。終って外へ出ると、すべての扉がもとのように閉り、天人がカーテンを下ろしてまた上がって行くという趣向だ。

煬帝は自分が学問もでき、文才もあるというのが自慢であった。それだけに、もし官僚の中で詩文に巧みで有名なものがあると、それを嫉妬した。そこで有名な文人に落度があると、大した罪でもないのに死刑に処して、そのあと、

「これで、わが輩が天下の第一人者になったぞ。」

と安心した。文才の自信だけならまだいい。

「世の中の人は朕《ちん》をただ父から帝位を譲られた幸福な男とだけしか思っていないらしいが、とんだ見当ちがいだ。朕はどんな家に生れようが、自分の実力で天子になれた人間だ。だから、むしろ天子の家に生れたことを不幸に思っているのだ。」

どうも凡庸《ぼんよう》な人間ほど、うぬぼれと虚栄心が強いらしいが、そんな状態だから正直な人間はみな煬帝の側近から退けられてしまう。代りにはったりやの無責任な出世主義者が天子のまわりを取り巻いて、できるだけうまい汁を吸おうとするのだ。

煬帝はそんな自分の才能に自信がありながら、内心ははなはだ臆病であった。いちばんこわいのは人民の反乱であった。地方で盗賊が起こったというとすぐ顔色が変った。洛陽の宮殿の一角に火事が起きたことがあった。煬帝はてっきり反乱軍が攻めこんだものと早合点し、西苑に逃げこんで草むらの茂みの中に息をこらしてかくれていた。火が

消えたあとで、やっと安心して宮中に帰ってきた。

臆病な人間はまた猜疑心《さいぎしん》の強いものである。朝廷の大臣や大将を、ほとんど消耗品のように考え、古いものを棄てては新しいものに取りかえてきた煬帝には、ほんとうに信頼できる大臣というものがなかった。このころには、ただひとり残った宇文述ぐらいが相談の相手になっていた。煬帝は地方の反乱のことは、聞くのは怖いが、また聞かずにはおれぬほど心中では怖かった。宇文述に向って、いつも、

「近ごろ盗賊はどのような状態か。」

と聞くと、宇文述はきまって、

「ご心配には及びません。だんだん少なくなってまいりました。」

と答える。その答を聞いて、やや安心するのであった。蘇威《そい》という大臣は元来、内股膏薬《うちまたこうやく》で節操《せっそう》のないことが評判の男であるが、さすがにたまりかねて口を挾んだ。

「だんだん少なくなりましたが、困ったことにだんだん近くへやってきました。」

煬帝は顔色をかえて、それはどういう意味かと詰《なじ》ると、蘇威は、

「昔は賊が盛んだったとき、泰山《たいざん》の向う側あたりで騒いでいたと聞きましたが、近ごろは、すぐそばの黄河の対岸まで賊の住み家になりました。このごろ地方官からの報告は佯《いつわ》りが多くて信用できません。」

と答えた。煬帝はほんとうのことが知りたいくせに、ほんとうのことを言われると機嫌を悪くし、それ以上のことを聞かなかった。煬帝の左右には追従《ついしょう》ものの大臣が多い。

「蘇威という男ははなはだ不届きであります。いったい、天下にどうしてそんなにたくさんの盗賊が起こるはずがありましょうか。これは天子に対する不敬罪になります。」

と焚きつけると、煬帝は、

「彼奴《きやつ》はそういって朕を威嚇《いかく》して自分の意見に無理に従わせようとしたのだ。その腹の中はちゃんと見えすいている。朕はよっぽど彼奴の横頰《よこつつら》を殴ってやろうと思ったが、年寄りに免じて我慢したのだ。」

とは答えたが、陰で蘇威の落度を探させ、裁判にかけて、本人と子と孫と三代の官爵を剝奪《はくだつ》して平民の地位に落した。

しかし現実には反乱は日増しに拡大し、さらに深刻化する。煬帝がただひとり、信用している大臣の宇文述は、このままでは何が起こるかもしれないと心配になってきた。ことに気にかかるのは軍隊の動向である。軍隊は前の鴈門城における対突厥戦に欺して働かされ、少しも賞与を貰えなかった恨みが忘れられず、もう煬帝のいうことなど聞こうとしない。それのみか、機会があれば反乱に立ち上がろうとしている気配さえ見える。現在、天子が引きつれて歩いている軍隊が、いちばん危険な存在になってきた。これでは噴火口の上に、爆弾を抱いて寝ているようなものだ。

こういう不安な時には、王朝の根拠地である国都の長安に帰って、じっと安静を保ち、天下が自然に落ちつくのを待つがよいという意見が一方にある。ところが長安というところは前王朝の北周時代からの伝統の続いている町である。そこでは隋という一家は、はなはだ評判が悪いのだ。隋王室はいわば成上り者で、武川鎮以来の軍閥の団結を破壊した裏切りものになっている。そして、古い由緒ある家柄の子弟を袖にして、被支配者にすぎない中国人を重く用いてちやほやしている。外国崇拝者だと見られている。それでも隋の威勢のいいときには、仕方なしにおとなしく付き従っているが、落ち目になったときに、もし隋の天子が引き上げてきたとしても、心底《しんそこ》から歓迎されるはずがない。

そこで宇文述は煬帝に、江都（揚州）へ行幸するようにすすめた。江都ならあるいは場合によっては、そのままそこにとどまって、昔の南朝のように江南だけを保ってでも天子と称していることができる。行幸のお伴には信用のおけそうな軍隊だけを選《よ》りすぐって行けば安心である。煬帝はこれまで領土内を絶えずあちらこちらと旅行したが、今度の場合は前とは少し違うのである。それは、ことによればそのまま遷都になってしまうかもしれない旅行だからだ。宇文述がそのつもりで準備をするから、表面はいくらかくしてみても真相がすぐ嗅ぎつけられる。そこで上下に大きな衝動を与え、大騒ぎをするものもある。

天子が南方へ逃げ出せば、東都はいわば棄てられた都だ。やがて百官も軍隊も次第次第に南方へ吸いよせられて行く。四方に起こった反乱軍は東都が都であればこそ、まだはばかるところがあって猖獗《しょうけつ》に至らない。もし洛陽の防備が空《から》になれば皆が争って殺到してくるに違いない。そうすればたんに洛陽だけの問題ではない。四海鼎沸《しかいていふつ》という形容のように、全国が戦乱の巷《ちまた》になってしまうであろう。これはぜひ、天子の南行を阻止せねばならぬ、という運動が起きるのは、当然のことでもあった。

真先に煬帝を諫めたのが、近衛軍の大将の趙才《ちょうさい》というものだった。

「ただ今は人民は疲弊のどん底にありますし、朝廷の財政は赤字つづきです。盗賊は各地に蜂起して、政令は地方に及びません。こういう時には早く国都の長安に帰って、人民を安堵《あんど》させて下さい。江都へ行幸なさるなどはもってのほかです。」

と言ったので、煬帝は怒って趙才を裁判にかけさせたが、十日ほどたつと機嫌を直して、赦免してやった。しかし次に、ずっと下級の官吏で任宗《にんそう》という者が上書して諫めたときには、その言葉が激越だったせいか、即日百官の並んでいる前へ引き出して杖殺《じょうさつ》した。つづいて崔民象《さいみんしょう》というものが上表《じょうひょう》したときには、その口を切りさいたあとで斬罪に処した。

宇文述があらかじめ手配して、江南地方で造らせた天子の乗船、竜舟以下の船団が運河を伝って洛陽へ到着したので、煬帝は官僚と軍隊とを従え、船に乗って南方へ向った。

煬帝は皇太子を失ったのち、その三人の孫を可愛がっていた。二年前に国都長安を離れるときには年少の孫、代王楊侑《ゆう》を残しておいた。いま洛陽を出発するに当って、中孫の越王楊侗《どう》をとどめた。両人にはいずれも輔佐役の大臣をつけ、軍隊を付属させたことはもちろんである。そして自身には長孫の燕王楊倓《たん》を伴った。煬帝の心中を推察すると、これは危険分散の配慮からであった。三ヵ所に離れて自衛しておれば、どんな不幸が起こっても、ひとりぐらいは助かるであろうと、はかない望みを託したのであった。そして他の親戚はみな自分に同行させた。これは自分を助けてくれるだろうという期待からではなく、どの親戚もみな天子の位をねらっている人ばかりなので、長安や洛陽の若い孫のそばへは残しておけぬ注意人物であるからだ。それらは自分の近くにおいて、絶えず監視しておいたほうが、自分にとって安全だという理由によってである。

運河の旅行を始めたばかりのところで、また下級官吏の王愛仁なる者が上表して、煬帝に長安へ帰ることをすすめた。煬帝はこれを斬罪に処して先へ進んだ。河南省の中央付近へきたとき、ひとりの人民がまた上表して南行を諫めた。

「陛下がもしこのまま江都へ行幸なされるようでは、天下はもはや陛下のものではなくなることを心配します。」

煬帝はまたこの人を斬刑にした。

運河の旅は時日が長くかかる。七月に洛陽を出発し、江都へ到着するまでに五ヵ月もかかった。途中で大臣の宇文述が死んだ。この人は決して正しい人ではなかったが、その才能には取るべきところがあった。宇文述が死ぬと煬帝はいよいよ孤立してきた。宇文述には三人の子があり、化及、智及、士及という。末の士及が煬帝の娘を妻としたほど、この一家は煬帝のおん覚えがめでたかったわけであるが、三人の兄弟はいずれも無頼漢であった。しかし煬帝は父との交友関係と、婿《むこ》の兄弟である点とで側近に召し使ってやった。

十二月になって煬帝の一行はやっと江都へついた。今度の旅行は前回の物見遊山で行幸した時と違って、手許不如意ではあり、反乱軍が近くを横行している時ではあり、鳴りもの入りの華やかさがなく、どことなくみすぼらしい感じを免れなかった。そこでもし地方官が豊富に財物や食料を提供するとすぐ褒美として官位を上げてもらえた。その代り、もし供給が手薄だと、たちまち官等を下げて処罰された。江都へ到着したとき、郡の次官の王世充《おうせいじゅう》がさまざまの献上品をしたが、その中に銅鏡で造った屏風があった。

これを広げるとすぐ鏡の間ができるという趣向である。煬帝は大いに喜んで、すぐに長官の位にすすめてやった。王世充は煬帝の好色なのを知っているので、民間の美人を選抜させて後宮へ送りこんだ。煬帝はいよいよ喜んで王世充の忠誠を賞めそやした。この男はもと西アジアから来た異国人であったが、中国風の教育を受け、目から鼻へ抜けるほど利巧な才人だが、それだけ油断のならぬ人物であった。

十三　煬帝の最期

煬帝によって理由なく殺された多数の予言者が言ったとおり、煬帝が南方へ出奔すると、たちまちあとの洛陽付近は、群雄争奪の的となって戦塵《せんじん》をこうむり、人骨が地を蔽う惨状を呈するようになった。

地方において反乱が蜂の巣をつついたように次々に起ってきたのは、地方官が激成した点が多かった。煬帝のためにたびたび戦功をたてた樊子蓋《はんしがい》はなかなかの戦争巧者であった。しかし正規軍と正規軍とが戦争するときには彼は有能な将軍だが、蜂起した人民のゲリラ部隊に対してはどう戦争していいかわからなかった。彼は反乱軍を討伐に出かけると、ゲリラ部隊を殲滅《せんめつ》しようと思って、人民の集落をみな焼き払ってしまう。降参してきたものがあっても過去の罪は消えないといって、皆殺しにしてしまう。人民は憤慨してますます団結して反抗するから、反乱はいよいよ拡大するばかりであった。しかしそれでも樊子蓋の威名はなお重く、その軍隊が出動すると反乱軍は戦わないで逃げるのであった。ところがこの樊子蓋は煬帝が南方へ逃げ出した直後に病気にかかって死んでしまった。こういうさいに、颯爽《さつそう》として姿を現わしたのが、前に楊玄感を助けて失敗し、久しく音をたてずに地下に潜っていた貴族出身の反乱指導者、李密その人である。

李密は楊玄感の敗亡後、地方の反乱指導者のあいだを転々として渡って歩いたが、環境も教養の程度も違うので少しも話があわない。しまいには困って樹の皮をはいで食うまでに落ちぶれたので、偽名を使って学校の先生になりすまし、塾を開いて子供に本を教えていた。民間の俠客《きようかく》の王秀才というものが李密を見て喜び、娘を与えて妻としたが、そのうち李密の姻戚に当るものが密告したため、王秀才が捕まって死刑に処せられ、李密は外出中であったので難を免れた。この当時は、亡命中には決して親戚や知人の家には立ち寄るものではない、立ち寄ればきっと密告されるぞ、といわれた世相であった。李密はその中に反乱の一指導者、翟譲《てきじよう》というものが少し話のわかる男だと見当をつけ、その客となった。翟譲はもと下級官吏であったが、法に触れて斬罪に処せられるところであったのを獄の看守が気の毒がってこっそり逃してくれた。そこで単雄信《ぜんゆうしん》とか徐世勣《じよせいせき》などの勇敢な少年を集め、もっぱら運河を通行する船を襲って商品を掠奪するのを仕事にしていた。李密は翟譲にすすめ、むしろ堂々と土地を占領して、行く行くは政府をたて、天下を取ることを考えて行動するように説きつけた。

　翟譲は李密の献策に従い、運河の方向に向って移動したが、そこで強敵の張須陀《ちょうしゅだ》の軍に前途をさえぎられた。張須陀は隋の将軍の中で最も勇猛を以て知られ、翟譲もたびたびこれに撃ち破られた苦い経験がある。翟譲はもう張須陀の名を聞いただけで逃げ腰になるのを、李密はおしとどめ、

「あの男は勇敢なだけで、思慮のない人間です。その上これまでたびたび戦争に勝った揚句に慢心しきっていますから、相手として扱いやすい敵です。まあ私のいうとおりにしてごらんなさい。」

といって戦略をたてた。翟譲は仕方なく出陣して張須陀と合戦したが、張須陀の鋭い鋒《ほこ》先《さき》には立ち向うべくもない。浮き足だって皆逃げ出した。張須陀ははじめから翟譲を見くびっているので勝ちに乗じて脇目もふらず追いかける。大きな森林のそばへ来かかった時、李密の伏兵が左右から現われて、軍の先頭に立った張須陀を包囲した。張須陀はさすがに勇将だから、血路を開いて包囲の外へ脱出したが、見ると自分の部下は敵に囲まれて苦戦している。そこで引き返して部下を救い出したが、見ると、まだべつの部下が残っている。また引き返して救援したが、そんなことを数回繰り返した揚句に、自分

も重傷を負って斃れてしまった。勇将の張須陀が戦死したので、隋軍はまったく気をのまれて敗退した。

これで一躍、男をあげたのは李密である。これまでは主人格であった翟譲はもともと大した男でないので、だんだん李密の器量に押されて気味が悪くなった。そこで李密と部下を分けあって、それぞれ一軍を率いて同盟することになったが、そうすると翟譲の部下はいつの間にか逃げて李密の軍に加わってしまう。李密は軍律をきびしく守らせるが、占領した財宝は惜しげもなく部下に分配してしまうからだ。

そこで翟譲は、李密と分かれて別行動をとることを相談した。李密はさして気にもとめず、単独の行動をとって、地方の城邑《じょうゆう》を攻め下し、いよいよ軍資が豊富になった。いっぽう、翟譲は李密から離れてみると、心細くてたまらない。やがて引き返して来て、再び李密と共同作戦をとる約束をしたが、それ以来、李密のほうが主人になり、翟譲がその下風に立つようになった。

翌大業十三年、李密、翟譲の軍は準備を整えて東都洛陽に近づいてきた。李密の作戦は黄河と洛水との交叉点に立てられた穀物貯蔵所、洛口倉《らくこうそう》をまず占領するにあった。両人は精兵七千人をすぐって間道から洛口倉を奇襲し、首尾よくこれを占領することができた。

李密はすぐ倉城の門を開いて、倉庫の米を欲しい人民は誰でもよい、取り放題にくれてやると布令を出した。まさに宣伝価値百パーセントである。飢えて死にかけていた人民は、わんさと押しかけて米を貰いにきた。来て見て驚いたことには、何とたくさん米のあることか。いつもそうだが、ないところにはなくて、あるところにはある。しかも、なくてはならぬところにはなくて、なくてもいいところにはあるものなのだ。人民は呆れたり怒ったりした。隋の天子は何というひどい奴だ。人民を虐《しいた》げるだけ虐げておいて、役にも立たぬ場所に、この通りに無駄な米を貯えておくとは。それに引きかえて李密さまはどうだ。自分は米などは少しもいらぬ、人民は欲しいだけ取れとおっしゃるのだ。なんと豪気じゃないか。李密の評判はたちまちのうちに天下に鳴りひびいた。

ところが、越王楊侗《どう》を戴く洛陽の官僚たちの見方はまた違っていた。李密という米泥棒がしのびこんだそうだが、よほど腹の減った貧乏人だろう。早く捕まえて今後の見せしめにしなければと、劉長恭《りゅうちょうきょう》を大将に討手の軍をさしむけた。こういうときこそ手柄を立てて出世する好機会とばかり、貴族の子弟たちは、われがちに従軍を申し出た。きらびやかな鎧《よろい》にぴかぴか光る武器を携えて、見たところはいかにも頼もしげに見えた。夜通しの行軍で暁方に倉城の近く、洛水の対岸まで押し寄せた。

李密は十分に敵情を偵察しておいたので、倉城の前面に左右の翼を張って待ち構えていた。実戦になれない隋の軍隊は敵の姿を見かけると、矢も楯もたまらない。まだ朝食をすませないのに、われがちに洛水を渡って、李密の軍にせめかけた。最初の攻撃の鋒先ははなはだ鋭い。中央に位した翟譲の軍は支えきれずに退却しだした。それを追いかけて隋軍が隊伍を乱して進む折を見すまして、李密の直属の精鋭騎兵部隊が、横から突撃したので、隋軍はたちまち大混乱に陥って総崩れ、腹は減っており疲れてはおり、ばたばたと斬り倒された。大将の劉長恭は鎧《よろい》をぬぎすて半裸体の身軽になって辛うじて洛陽へ逃げ帰った。その他も同様、山のような軍器資財を遺棄して逃げたが、生きて帰るものは半数に満たなかった。

この戦勝で李密の威名はいよいよ高まった。部下の推戴を受けて李密は魏公の位につき、百官を置いて政府をたて、翟譲が大臣、単雄信、徐世勣が大将に任命された。これを聞き伝えた四方の群雄はいずれも使を送って、好誼《よしみ》を通じて保護を求め、河北、山東、江淮地方に、彼の威令が及ぶようになった。

李密は進んで回洛倉を占領し、洛陽に攻撃を加えるようになった。越王は元善達なるものを使者として、江都にある祖父の煬帝に現状を報告させた。元善達は千辛万苦の末、敵中を通りぬけて江都に到り、洛陽の窮状を訴えた。洛口倉も回洛倉も李密の手に落ちたので、洛陽の城中は食料に乏しく、長期の籠城に堪えそうにないので早く救援の手をのべてほしいという口上である。涙ながらに実情を話したので、さすがの煬帝も膝を正してしゅんとなった。

するとそばから口を挾んだのが大臣の虞正基《ぐせいき》である。

「話をきいているとどうも君らのいい方は少し大袈裟すぎるようだね。盗賊が盛んだ、盛んだといっても、第一、君がそうして無事にここへ到着できたことが、あまり大したものではない証拠になるね。」

この虞正基は宇文述の死後、煬帝の側近第一にのし上がった男であるが、それはもっぱらお辞儀《じぎ》と弁舌によったもので、宇文述ほどの才能も持っていなかった。そして彼の意見というものも、腹心の封徳彝《ほうとくい》から吹きこまれたもので、この二人が朝廷の政治を左右し、賄賂をとっては私腹をこやしていたのだった。いっぽう、言うに言えぬ苦労をして、やっと江都にたどりついた元善達にしてみれば、こんなことを言われて泣くに泣けぬ気持であったに違いない。ところが煬帝は虞正基の言葉を聞くと急に元気がよくなった。

「低い身分でありながら善達の奴は、よくも朕を大ぜいの前で侮辱しおったな。」

元善達はそのまま江都に留めおかれ、わざと反乱軍のあいだを通って糧食を運ぶ危険な役目をおしつけられた。元善達は果たして注文どおりに殺された。

煬帝はしかし洛陽の事態を心配しなかったわけではない。長安の守備軍を出動させて洛陽を救うとともに、江都からも近衛兵の精鋭を割いて薛世雄《せっせいゆう》を大将にして洛陽を応援させた。ところがこの薛世雄は途中で竇建徳《とうけんとく》の反乱軍と戦い、相手の必死の反撃にあって薛世雄が重傷を負って殪《たお》れたため、代って王世充が全軍の指揮をとることになった。

このころ李密の軍は最も内容が充実していた。天下の雄志ある青年はいずれも李密の風貌を想見してそのもとに集まってきた。将才のあるものとしては秦叔宝《しんしゅくほう》、程知節《ていちせつ》、羅士信《らししん》、謀士としては柴孝和《さいこうわ》、魏徴《ぎちょう》など錚々《そうそう》たる人物が揃っており、部下の軍隊は数十万と称せられた。

王世充は洛陽に入って、隋軍の総指揮官となり、兵を出して李密と戦ったが、戦うたびに敗けるばかりであった。しかしそのうちに李密の側にもしだいに弱点が表面化してきた。それは何といってもその軍隊が烏合《うごう》の衆であることだ。ことに李密と翟譲とのあいだが巧く行かぬようになった。翟譲はもともと大した才能のない男で、李密のために大層な地位にのし上がったのだが、元来は自分のほうが主人株だったという自尊心がぬけない。それに地位が上がってくると、自然にその周囲に側近者グループというものが発生し、ことごとに李密のやり方を批判するのである。とうとう翟譲側にクーデターの陰謀が企てられたので、李密は先手を打って翟譲を暗殺してしまった。翟譲は乱暴者で部下から大して信任も敬愛もされなかったとはいうものの、李密の勢力がいわば極限に達したた折にこの内紛が起こったので、もともと烏合の衆であった李密の軍勢の団結にひびが入ることを免れなかった。隋が洛陽城を持ちこたえたのは王世充などの力ではなく、かえって李密の内部事情によるものであった。

皇后らと水辺で遊ぶ

ところがこうして洛陽を中心にして隋軍の精鋭と反乱軍の最強部隊とが、血みどろになって激戦を演じているあいだに、他方ではたいへんな事件が持ち上がった。一つは長城前線の防衛軍司令官の李淵が、長安の守備が手薄になったのに乗じて、兵を率いて南下して長安を占領したこと。もう一つは、これによっていよいよ天下から見放され、孤立した煬帝が江都において、部下によって惨殺されたことである。

煬帝は、国都の長安に鎮守している、昔からの近衛兵は、武川鎮軍閥の系統をひく旧家の誇りが高くて使いにくいので、べつに新しく志願兵を募集して近衛兵団別働隊を組織し、これを驍果衛《ぎょうかえい》と名づけた。煬帝がほうぼうを旅行するさいに引きつれて歩いたのは主に驍果衛の兵であり、このたび江都へ伴ってきたのもこの同じ兵団であった。この軍人たちには長安付近からの出身者が多い。そこで李淵が長安を占領したという報知が江都へ達すると、軍人のあいだに動揺が起こってきた。誰しも家族や知人の安否を知りたいのは人情だからである。

迷楼とよばれた揚州の離宮

ところが煬帝の様子を見ていると、煬帝はもう長安や洛陽のことはすっかりあきらめているらしい。煬帝には江都の気候、江都の風物がすっかり気に入って、このまま永久に江南に住みつきたがっているように見える。後宮へ入ってきた土地の美人から、この地方の方言、呉語を聞きかじって話すことなども、北方人にとっては癪《しゃく》の種だ。だんだん空気が険悪になって、いつ軍人らの暴動が勃発《ぼっぱつ》せぬとも限らない形勢になってきた。

煬帝は都落ちをして江都へ逃げてきた立場ではあっても、これまで身についた奢侈《しゃし》、荒淫《こういん》の生活は改められなかった。後宮には仕切られた小部屋が百室あまり造ってある。一室ごとに気に入りの美人が住んで、煬帝の入来を待ち設け、思い思いに装飾や料理の献立てに趣向をこらした。煬帝は蕭《しょう》皇后を伴ってこの人工のパラダイスを遊んで歩き、美人千余人と、いつも盃を口から離さず、終日、酔いしれていた。しかしその間にいつも、何ともいえぬ空虚感が心中に拡がって行くのを如何《いかん》ともすることができなかった。煬帝はある日、鏡の中に自分の顔を写していたが、ふとかたわらにいる蕭皇后に向っていった。

「この俺の細い首を誰が斬りに来るだろうかね。」

蕭皇后がびっくりして、

「何をおっしゃいます。」

と聞きかえすと、煬帝は何か虫が知らせたとでもいうのだろうか、

「世の中というものはうまくできているよ。苦と楽と、貴人と賤者と、代りばんこに順がまわってくるということさ。」

とこともなげに答えた。こういうところははなはだ殊勝に見えるが、しかしほんとうにそう悟ったのではない。煬帝は矛盾だらけの男であった。後宮の女子が皇后に、軍人らが何か不穏な企みをしているらしいと告げたとき、皇后は、

「天下の事がここまで来た以上は、もう成り行きに任すほかはないでしょう。天子に言上してみたところで、どうなるものでもありません。ただよけいな気苦労をさせるだけです。」

と答えて取りあわなかった。

　果たして大業十四年三月十五日夜、突如として兵変が起こった。乱兵は宮中に闖入《ちんにゅう》して抵抗するものを斬り殺して煬帝の座所に迫った。煬帝の孫の燕王楊倓は当時十六歳であったが、自分の宮から脱け出して、いち早くこの兵変を報せにかけつけたが、煬帝の宮門警固の番兵はあらかじめ反兵に通謀していたので、燕王をその場に拘留して通さなかった。

　乱兵が宮女をひとり捕えて案内させ、煬帝の寝室に踏みこむと、煬帝は驚いて、

「お前らは朕を殺しに来たのか。」

と叫んだ。反兵のひとりが、

「決してそうではありません。ただ陛下といっしょに長安へ帰りたいのです。」

と答えて、皆で煬帝の周囲を取りかこんで捕虜にした。

煬帝にはこの兵変の首謀者がいったい誰なのか少しもわからなかった。あるいは自分の次男の斉王楊暕ではないかとも疑ったほどだ。ところが実際にはそれは宇文述の長男、宇文化及が弟の智及にそそのかされてやったことだった。

宇文化及らはひそかにクーデターの陰謀を企てると、まずいろいろなデマを作り出して、軍隊に動揺を起こさせることを計った。煬帝は江南の人をひいきにして、北方から来た軍人はもう要らないと思っている。そしてこっそりと多量の毒薬を造らせているが、それは驍果衛の北人を全部毒殺して、べつに江南人の部隊を組織し、このまま永久に居すわって昔の南朝の天子のようになろうとしているのだ、など。この作り事がまったく当時の形勢にぴたりとしているものだから、軍人らが同調して騒ぎたてたのは無理もないことだった。

宇文化及らは煬帝に宮中の大広間へお出まし願いたいといって連れ出した。そこまでの道を、軍人が乗ってきた馬に乗せようとすると、さすがは煬帝だ。

「こんな汚い馬には乗れぬ。もっときれいなのを持ってこい。」

と駄々をこねた。そして新しい鞍《くら》をおいた馬にのって、宮門の外へ引き出された。実際は反兵がこのように煬帝を捕虜にし、クーデターが成功したことを百官、軍隊、都民にあまねく知らせたかったのだ。この煬帝を引きまわす示威運動の行列を見て、首領の宇文化及が怒鳴《どな》った。

「もういいからやめろ。こんな役にも立たぬ代物《しろもの》は早くかたづけてしまえ。」

そこで煬帝は再び後宮へつれ戻された。煬帝は白刃をつきつけている軍人らの大将に向って言った。

「朕は何の罪があって、このような目にあわされるのか。」

軍人らは嘲笑《あざわら》って、

「陛下は祖先の廟所のある国都を離れ、四方を巡遊なされます。外国に向っては戦争をしかけ、国内では贅沢《ぜいたく》の限りを尽されました。壮丁《そうてい》は戦争で命を失い、婦人子供は飢えて野たれ死にしました。人民は失業し、盗賊が蜂起している中に、陛下はおべっかものの言うことばかり聞いて、人民の声が少しもとどかないのです。それでも罪がないとおっしゃるのですか。」

と詰問すると、煬帝は相手を睨《にら》みつけ、

「なるほど、おれは天下の人民に対してはほんとうに申し訳ないことをしたと思っている。しかしお前たちは何だ。高い地位を得、多くの禄を貰って、何不足ない身分ではないか。いったい今日の首謀者は誰か。会って話をしたいのだ。」

煬帝，絞殺さる。

「天下の人間残らずが首謀者でしょう。誰といってひとりの名をあげるわけにはいきません。」

この問答、公平に見て煬帝の敗けであろう。煬帝の最愛の末子、十二歳になる趙王楊杲《こう》は、このときも、煬帝の左右を離れずについていた。子供のことなので恐怖と悲しみのあまり、煬帝の膝にとりすがって泣く。反兵がまず趙王を斬り殺すと、その血で煬帝の衣服が真赤になった。今度は煬帝を斬ろうとすると、煬帝は、

「天子には天子の死に方というものがある。毒酒を持ってこい。」

と命じた。煬帝は万一の時に備えて、いつも毒酒を貯えておいたが、今度はいちばん大切な時にそれが間にあわなかった。毒薬の係の宮人が真先に逃げてしまって、在処《ありか》がわからないのだ。反兵は煬帝を坐らせると、煬帝は自分のマフラーを取り出して渡し、首

を縊《くび》らせた。

煬帝に従って江都にいた近親は全部殺された。煬帝の弟の蜀王楊秀とその七人の男の子、煬帝の次男、斉王楊暕《かん》とその二人の子、煬帝の長孫、燕王倓《たん》、その他、煬帝の甥《おい》や外戚など、すべてこの難にかかった。帝の次男の楊暕は、自分が誰の手で殺されるのかわからず、父の黒い手が廻ったのかと勘違いして、

「どうか父上にもう一度お願いしてください。私は決して父上に謀反など企ててはいないのです。」

と叫びながら、街に引き出されて斬られた。

煬帝の亡弟、秦王楊俊の嗣子の楊浩は、宇文智及と仲がよかった関係で、この時に命を助かった上、臨時に江都政府の皇帝に祭り上げられた。

宇文化及らは煬帝一家のみでなく、自分らの陰謀に加担しなかった大臣、虞世基以下を片端から虐殺した。そして軍人らに約束したように、江都を引き上げて、旧都長安に向けて帰還することになった。まさに一種の民族移動のようなものであった。しかし当時の社会はもう平時ではない。至るところに反乱軍が自立して互いに攻伐しあっている。その間を、強い抵抗を排除しながら進軍するのははじめから無理な企てであったのだ。

宇文化及の軍が運河を伝って北上すると、まず接触しなければならぬのは、李密の勢

焼けおちる迷楼

力である。李密は本隊を倉城に残して堅守させ、みずから軽騎を率いて、宇文化及軍の後方を攪乱した。淇《き》水の河のほとりで、偶然、両者が河を挟んで出会った時、李密は馬を進めて宇文化及によびかけ、

「お前はもともとモンゴル族の食いつめものじゃないか。親子兄弟、揃って隋朝の高恩を受け、栄耀栄華を極めておきながら、天子に失徳があっても諫めもせず、弑逆《しいぎゃく》の大罪を犯し、簒奪《さんだつ》の悪業を遂げるとは天地の間に容れられぬ逆賊だぞ。これからどこへ行くつもりか。お前らにとって行く先などあるものでない。ただ早く降参して出れば子孫の命だけは助けて遣わすぞ。」

と罵《ののし》ると、宇文化及は返す言葉がない。口をもごもごさせた揚句にやっと、

「お前らとは問答は無用だ。戦争でこい。」

と叫んだ。李密は自分の従者を顧みて、

「どうもひどい馬鹿らしいな。ああいう奴でも天下を取るつもりでいるから恐ろしい。」

といって笑った。宇文化及の率いた軍隊は、北方出身の勇敢な壮士なのだが、大将を比べると、とうてい李密の足許にもよれない。果たして宇文化及はここでさんざんに討ち負かされた。はじめは黄河へ出たならば、西へ向って長安へ帰るはずであったが、その道は李密に扼《やく》せられているので、今度は北へ向って移動した。そのうちに糧食はしだいに欠乏するし、軍人は前途を見限って続々逃亡しだす。だん

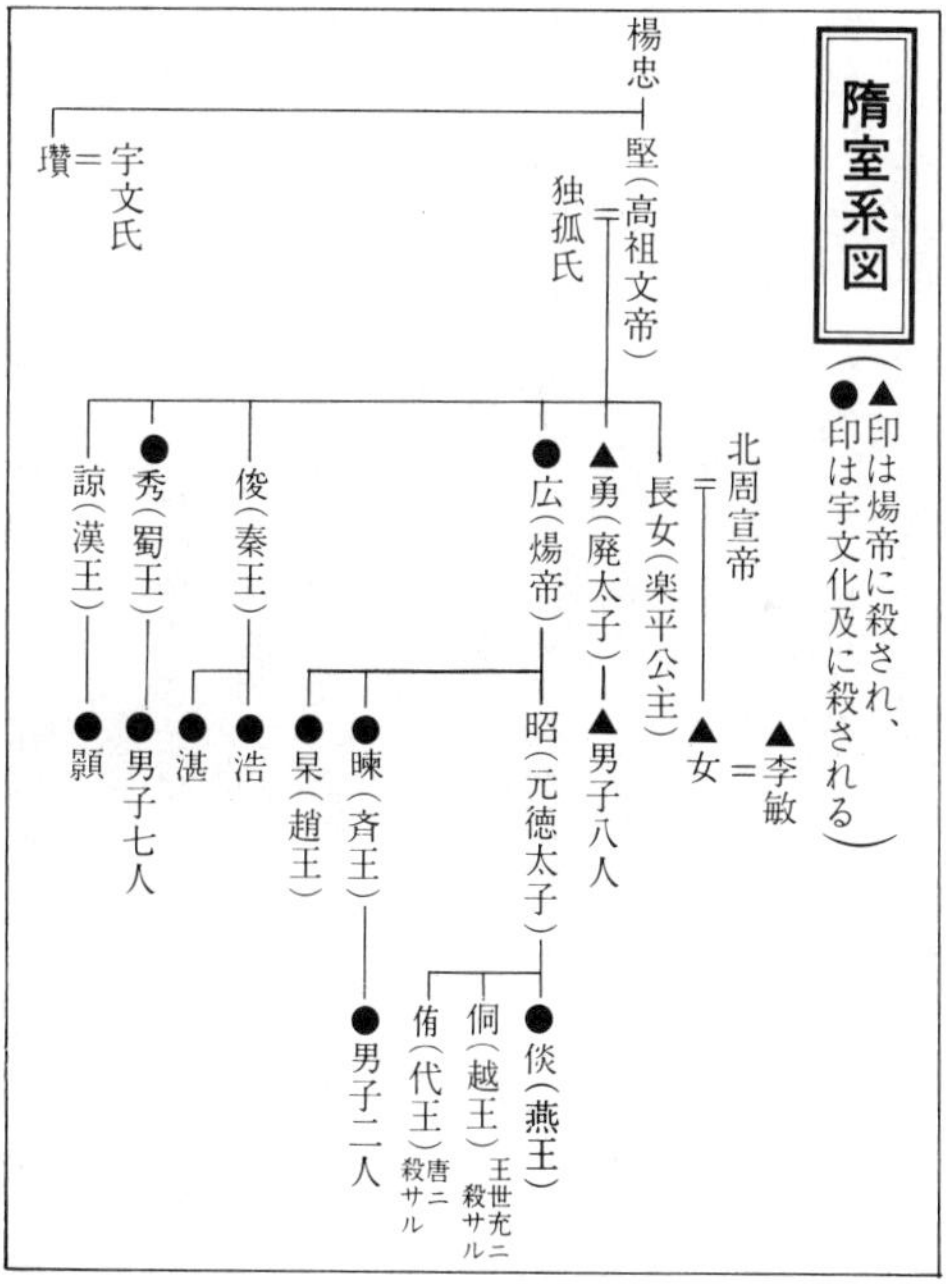

だんやけになってきて、宇文化及は弟の智及と毎日、兄弟喧嘩ばかりするようになった。化及が智及に向って、

「いったいこの計画はお前が立案して、無理におれに賛成させたのだ。うっかりそれに乗ったおれこそひどい目にあった。どっちへ向っても成功はおぼつかない。その上に弑逆という罪名を一身に受けて、天下に容《い》れられぬ身になった。お前はとんでもないことを教えたもんだ。」

といって、自分の二人の子を抱いて泣き出すと、智及も怒って、

「うまく事が運んでいる時は何も文句をいわずにいて、いま形勢が悪くなったからといって何でも私の責任にされては私が浮ばれませんや。何ならまず私を殺してくだすってはどうです。」

とやり返す。二人で泣いては飲み、飲んで酔ってはまた泣く。まったくだらしない兄弟であった。そのうちに最後の死に花と思ったか、宇文化及は今まで皇帝として奉じていた秦王楊浩を毒殺して、自分で皇帝の位についたものだ。国を許と号し、年号を天寿と立て、百官を任命したが、まことにもって頼りない独立国だった。やがて付近に勢力範囲をもつ竇建徳《とうけんとく》と戦って連戦連敗、許国の首脳者一同がそのまま捕虜にされた。竇建徳は隋王朝の臣下の名をもって宇文化及、その二子、宇文智及およびその党与を全部集め

て撫で斬りにし、その首を市に曝《さら》した。

煬帝は南北朝時代の混乱した歴史に結末をつけた古い型の天子であった。近時の歴史学の傾向では、南北朝は陳の滅亡で終り、隋はむしろ次の唐代に続くものとして、よく隋唐と並べ称する命名が行なわれるが、中国の伝統的な見方では、隋は南北朝の中に含まれるのである。例えば『北史』の中には隋までが含められている。これはどちらにも理窟があり、隋は文帝の時代、南北を統一した必然の結果でもあるが、種々の新しい政策を実施している。そしてそれは後に唐に引きつがれたことは確かである。しかし新しい制度は始まったが、人物のほうはまだ旧態依然たるものがあった。煬帝のごときは、その尤《ゆう》なるものであろう。彼は古いやり方で権力を握り、古いやり方で権力を弄《もてあそ》び、最後に古いやり方で殺されたのであった。

後に唐が天下を一統し江南を平らげた時、煬帝の死体を天子らしい礼儀で改葬した（六二二年）。煬帝という諡《おくりな》はこの時に定められたものである。諡というものは人が死んだ後に、その人の生前の事業を評価して贈る名なので、たいていは良い名をつけるのが普通だが、煬帝に対しては、もしそれが代替りの唐朝でなくてもあまり良い諡はつけられなかったであろう。煬という名の意味は、色を好んで礼を無視したもの、礼に背き人民から嫌われたもの、天に逆らい人民を搾取したもの、などにつける諡だということになっている。確かにこれは煬帝が甘受せねばならぬ名前に違いない。

さらに興味あることは、南朝陳の後主が亡国ののち、隋の臣下となって死んだ時に、当の煬帝から贈られた諡がこの煬という字であったことである。人間は他人のことはわかるが自分のことはわからない。他人に煬という字を贈った自分が、やがて死んでから煬という諡をつけられようとは、おそらく煬帝自身は考えてもみなかったことであろう。

十四　新しいいぶき

煬帝の晩年、民間に謡言が流行し、やがて隋朝が滅びて代りに李氏が天子になるだろうという意味が宣伝された。謡言というのは、誰が造ったとも知らず、どこから起こったかもわからず、それでいていつの間にか広く口ずさまれる歌謡曲の形をとった予言である。その中の一つに「桃李の子」という歌があった。それではいったい天子になる李氏は誰だろう、ということで、また噂話に花が咲いた。この噂は宮中にまで達し、ある易者が煬帝に勧めて、李氏が革命などを起こさない先に、天下の李氏という李氏は全部殺してしまったほうが安全だと言ったとか。

ところが李という姓はいったい中国に非常に多い姓であるが、それがとくに隋代に警戒されたについては、また特別な理由がある。それはそもそも北周成立以来、開国の功臣として子孫の栄えた家柄に李氏が多かったからであった。北周の宇文氏は武川鎮から起こって天下をとった王朝であるが、それと行動を共にした有力な旧家に、八柱国、十二大将軍と称せられる家がある。合せて二十家のうち、中国人出身は七家に過ぎないが、そのうち三家が李氏なのである。

右の八柱国の一である李弼《りひつ》の曽孫が李密であって、楊玄感の反乱に加担して煬帝の心胆を寒からしめたが、この反乱は短期間で失敗に終り、李密は地下に潜行してしまった。そこで煬帝の嫌疑は、第二の李氏に向けられることになった。

北周の十二大将軍の中に李遠が数えられる。李遠とその子は北周の内紛《ないふん》に連累されて殺されたが、李遠の弟、李穆《りぼく》は隋の文帝の革命を助けて功があり、押しも押されもせぬ一流の名家にのし上がった。李穆の子、李渾《りこん》は宇文述の妹を娶り、李穆の兄の孫、李敏は文帝の長女＝楽平公主の娘を妻とし、一族が繁栄を極めていたのである。この李敏はその字《あざな》を洪児《こうじ》というが、洪とは広大なことをいうから、煬帝は李敏こそ、隋の帝位を覬《うかが》う革命児ではないかと疑い、しばしば李敏に自殺しろと迫ったものだ。李敏は大いに恐れて、叔父分の李渾に、どうしたらよいかと相談した。ところで、李渾は財産相続の問題がこじれて、妻の兄の宇文述とは犬猿のあいだになっている。宇文述は絶好の機会とばかり、李渾と李敏とが共謀して帝位を覬っていると告発した。そこで特別の裁判所を設けて調査したが少しも証拠がない。そのまま裁判所を解散しようという時に、煬帝は特に宇文述に命じて、もう一度調査をやり直させた。そこで宇文述は煬帝の意を迎えるために、あらゆる術策を用いて李氏を有罪に追いこもうと企んだ。そのため李敏の妻、つまり煬帝の姪《めい》を脅しあげて、お前一人だけの命は助けてやる代りに、李敏の謀反を密告しろと言葉巧みに誑《たぶらか》したものだ。李敏の妻は恐怖のあまり、宇文述が口ずから教えたままを書き取り、李氏の一家は天子を襲い、代りに李敏を帝位につけようと陰謀を企んだという口述書を造ってしまった。宇文述がこれを証拠に、李敏らを反逆罪と定めて上奏すると、煬帝は泣いて喜んで、

「ほんとうに危いところだった。隋の天下は卿《けい》のお蔭で助かったようなものだ。」

といって宇文述の骨折りを賞めた。李氏の一族三十二人が殺され、流刑に処せられたもの数知れず、李敏の妻もあとで毒殺された。まったくばかばかしい限りの話だが、しかしよく考えてみると、これに似たようなことは、今の今でも実際に行なわれていることなのだ。政党だの軍部だの、官僚だの財閥だのという権力者は、自分の地位を掘り崩しているのは自分自身の仲間の悪業だということを少しも考えないで、何でも都合の悪いことは相手方のせいにしてしまうものなのだ。

ところが、いったん地下に潜った李密は、着々と潜行運動をやっていた。

「桃李の子」という歌は李密のことだ。何となれば、これは「逃李の子　逃亡した李氏の子」という意味だ。やがて李密が現われてきて、隋王朝を倒して天子になるぞと宣伝してまわった。そして、煬帝が洛陽から逃げ出して江都へ落ちて行くと、時を得顔に悠然として民衆の前に姿を現わした。彼が洛口倉を占領して、洛陽に留守している隋の政府と大戦争を展開している時は、本当に隋に代って天下を支配するものは、李密にほかならないという希望を抱かせた。

　ところがここに第三の李氏があった。それは北周の最高貴族八柱国の一人なる李虎の子孫である。李虎の子の李昺《へい》は、独孤信の第四女を娶った。その第七女は隋文帝の皇后であるから、李昺はいわば文帝と相婿の関係になったわけである。そこで李昺とその子の李淵は文帝からは厚く信頼をこうむった。

　しかし煬帝が位につくと、少し風向きが変った。李淵と煬帝とは母方の従兄弟《いとこ》同士に当るが、李氏が革命の本家になるという謡言は、深く煬帝の心の奥に喰いこんだものと見える。それにもかかわらず、煬帝がたびたび李淵に迫害を加えようとしながら、それをためらったのは、この人間はぼうっとして才気がなく、どう見ても天下を取れそうな器量とは見えなかったせいであろう。ところがこの李淵の次男に、まだ年は若いが李世《りせい》民《みん》という大した傑物がいることは、まだ誰も気がつかなかったのである。

煬帝が最後に長城を巡視するとき、李淵は太原に駐屯して突厥《とっくつ》に備え、煬帝が鴈門城で突厥に囲まれたさいには救援に赴いて功があり、煬帝が洛陽に帰った後もそのまま太原にとどまって長城の守りについていた。李淵は突厥と絶えず小競《こぜり》合《あ》いを繰り返しているあいだに、相手の遊牧民族の騎馬戦術にはなはだ優秀な点があるのに気がついた。そしておそらく、次男の世民の献議によったものであろうが、部下の軍隊に突厥式の騎馬戦術をそのまま真似て訓練しだしたものである。

由来、中国人は自国の文化に絶大の自信をもっているので、なかなか外国のものを受け入れない。しかし実際には外国にもすぐれた文化があり、それが少しずつ徐々に入ってきているので、中国の文化といってもそれはある程度の混合文化であるが、さてそこへ全然新しいものが現われた時には容易にそれを受容しようとしないものなのである。ところで南北朝時代の突厥の戦術というものは、じつはその起原は西アジアにあって、それが北方の遊牧民族によって適応消化されたものであり、騎馬兵の団体戦術としてははなはだ優秀なものであった。李淵が大胆にその戦法を採用したことが、やがて天下を平定するにさいして絶大の効率を発揮したことは疑いない。

動乱の渦中において一旗挙げようという時には、自己の股肱爪牙《ここうそうが》となって働く、核心の部隊がぜひ必要である。これは他から借りたり、あるいは出来合いのものを利用したのでは駄目だ。どうしても子飼いでなければならぬ。だから一時は群雄に覇を称えた李密も、この点では天下を争う資格はなさそうだ。彼の軍隊はいわば烏合の衆で、勢いに乗った時は台風のような強さで動くが、勢いが落ち目になればそのまま霧のように消え去って行くのであった。

李淵の軍隊が騎兵の精鋭部隊を主力とすることがまたその強味であった。当時の群雄の戦力は手当りしだいに盗賊やら、人民の蜂起したものやらを収容したので、いきおい歩兵が主であり、騎兵が従である。だから李密のような場合でも、たとえ戦争に勝ってもそれは比較的に勝ったというだけで、徹底的な全勝を収めていない。そこで敵も傷つけば味方も多く損害をこうむるのである。実際、李密は洛陽の攻防戦を繰り返すうち、しだいにその勇卒を消耗して戦力が低下したといわれる。もしこれが騎兵部隊を豊富に持っていた場合なら、戦況が不利ならば大きな損害をこうむらぬうちに退却して戦場から離脱するし、戦いに勝てば包囲戦、追撃戦を果敢に繰り返して、敵を捕捉殲滅《せんめつ》することができる。少なくとも致命的な打撃を加えて再び立つあたわざらしめることができる。非常に能率的なのである。

煬帝が江都に去り、洛陽が李密と隋軍の死闘する戦場となったとき、太原の李淵は自然に半独立の状態におかれた。これこそ千載一遇の好機だとして、李淵にすすめて兵を挙げさせたのが次男の李世民である。優柔不断な李淵は何度かためらったが、世民や裴《はい》寂《じゃく》、劉《りゅう》文静《ぶんせい》などの計策によって、しぶしぶながら同意を与えたのであった。

この時はちょうど、李密の勢威が絶頂に達した折であったので、李淵は辞を低くして同盟を申し込んだが、どうやら李密を盟主と仰いでその保護を受けるという恰好であったらしい。同時に突厥にも使を送り、厚利をくらわしてその援助を要請した。李淵・李世民の計画は、まず長安を占領して、ここを根拠に、旧武川鎮軍閥を糾合して天下に号令しようとするにある。

この計略はうまく図に当った。李淵の軍が長駆して長安に迫ると、隋の官僚は煬帝の孫の代王楊侑《ゆう》を奉じたまま、李淵の軍隊を迎え入れたのである。ここで李淵は実権を握って新政府を造り、十三歳になる代王を擁立して隋の皇帝の位に即《つ》け、はるかに江都にある煬帝を棚上げして太上皇と称し、年号も大業十三年を改めて義寧元年と称した。もちろん、煬帝のほうではこんな処置は認めないから、ここに隋の皇帝が長安と江都と、二ヵ所にできたわけである。今から理窟をいえば、たとえ悪逆無道だといっても、昨年の煬帝と今年の煬帝と、べつに変りがあるわけではないから、もし正統がどちらかといえば、やはり煬帝のほうを正統とし、年表を造るなら、この年は大業十三年としておくほうがほんとうなのであろう。

それなら、いったい李淵は、まだ煬帝が江都にいるのを無視して、なぜ長安に新皇帝を擁立する必要があったのであろうか。思うにこれは一度崩壊した武川鎮軍閥再生の宣言というべきものであったのであろう。武川鎮軍閥の団結と伝統とは、隋王朝の裏切りによって破壊されかけたとはいうものの、まだ長安には裏面の流れとなって脈々と生き続けていたのであろう。そこへ李淵が乗りこんできた。これは家柄としては隋王朝の楊氏よりは一枚上なのである。隋の楊氏によって疎外されていた旧家はこぞって、双手《もろて》をあげて李淵の到来を歓迎したに相違ない。

李淵がまず長安に入り、武川鎮軍閥の旧家を懐柔したことは、彼の今後の活動に絶大な便宜を提供した。古い縁故の糸をたどって行けば、天下に散在している名望家、活動家はたいていその根源が長安から出ているからである。この縁故の糸によって、敵勢力を切り崩したり買収したりする手掛りが得られる。じじつ、李淵は敵中に味方を造って内応させては相手を顚覆《てんぷく》する術策をしばしば用いている。また長安の旧家はほとんどすべてが官僚の家柄である。いいかえれば統治機構内に職をもった経験者である。他の群雄の多くは単なる戦闘集団であって、戦争に勝って土地城邑《じょうゆう》を占領しても、さてそれを有効に統治し利用する方法を知らない。彼らの陣中にはそういう経験者を持たないのである。ところがほんとうは、確実に勢力を伸張して行くためには、たんに戦争に勝っただけでは何にもならない。その戦果を有効に活用してこそ、ほんとうに勝ったことになるのだ。

洛陽における隋軍と李密の戦争は、ほとんど果てしなく続いた。李密ももし可能ならば長安を手に入れたかったが、洛陽の敵と取り組んでしまったため、さらに西方へ手を伸す余裕がなかったのであった。そのうち江都における煬帝暗殺の報がとどいたので、洛陽の官僚は、煬帝の中孫、越王楊侗《どう》を擁立して即位させ、大業十三年の翌年を皇泰元年と改元した。そして江都から軍隊を引きつれてきた王世充の権力がしだいに強くなってきた。ことに相手の李密の軍隊がしだいに戦争に厭《あ》き、李密自身がたびたびの戦勝に慢心して油断があったところを見すまし、王世充は決死の精鋭をすぐって李密と戦い、空前の大勝利を博した。この敗戦は李密にとって致命的な打撃で、彼が今まで築いた勢力は一朝にして瓦解し、その領土はそむき、その将軍は敵に降り、孤影悄然たる一個人の李密、もとの木阿弥《もくあみ》に帰ってしまった。李密はやむをえず、長安の李淵に降参した。

李密を破った王世充は得意満面、同時にその本性を現わして洛陽政府の全権を掌握《しょうあく》し、やがて隋皇帝から位を奪って、みずから皇帝となり、国を鄭《てい》と称し、年号を開明と立てた。元の隋帝楊侗は間もなく殺された。皇泰二年（六一九年）のことで、年十七歳であった。

いっぽう、長安の李淵は、洛陽で李密・王世充に喰うか喰われるかの戦争をさせておき、その間に着々と地歩を固めつつあった。煬帝の殺された報せが入ると、李淵は自分の擁立した隋帝楊侑《ゆう》はもういらなくなったので、迫って位を譲らせ、みずから天子の位につき、国を唐《とう》といい、年号を改めて武徳元年とした。これが三百年近く続いた唐王朝の初代、高祖といわれる天子である（六一八年）。もとの隋帝は翌年、殺された。隋の文帝の子孫はこれで男系全部が根絶《ねだ》やしになった。

唐の高祖はまず西方に向って、陝西《せんせい》、甘粛《かんしゆく》二省の地方を平定して背後を固めると、次に東方の経略に着手した。先に唐に降参した李密は、その後に謀反を計って、名もない地方官に殺されていた。じつに竜頭蛇尾、あえない最期であった。そこで当面の相手は洛陽の王世充である。

王世充の軍隊も、長年の李密との戦争ですっかり疲労し、また糧食も不足に陥っていた。そこで王世充はその東隣の竇建徳《とうけんとく》に援助を求めた。竇建徳は唐の勢力の強大になるのを恐れ、十万の大軍を根こそぎ動員して、洛陽の応援にやってきた。

唐軍の総指揮官は李世民、虎牢《ころう》城に入って戦士を休息させ、竇建徳の軍隊を誘いよせた。敵軍が城下に迫っても、静まりかえって動こうとしない。正午ごろになって敵軍が引き上げて行くのを見すまして、駿足の騎兵で追いかけてこれを包囲した。唐の精騎は何べんも敵軍の中を駈けぬけてはその陣形を乱した。敵は総崩れになり、半数に当る五万人は降参して捕虜となった。竇建徳も馬から突き落されて捕えられた。唐軍の完勝である。捕虜にした兵卒は殺さずに全部釈放して帰農させた。

李世民は竇建徳を縄付きのまま、洛陽城下を引きまわした。王世充はまったく気をのまれ、白衣を着て一族百官ら三千人とともに、門を開いて降参した。李世民は洛陽城に無血入城して、城内の治安を確保させ、みずから宮殿を一巡した。

「なるほど、これだけの贅沢《ぜいたく》をするには、いくら民力を使っても足らぬはずだ。これで滅びなかったらそのほうがおかしい。」

といって嘆息した。主だった人物を捕虜にして長安につれかえり、盛大な凱旋《がいせん》式を挙げた。竇建徳は首をはねられ、王世充は降参したので一命を許し、蜀へ流しものにしたが、あまり多くの人を殺しているので、皆が承知しない。流される途中で勝手に殺してしまった。そしてその下手人は官を免じられただけですんだ。

この戦いの殊勲者李世民は、後に太宗といわれる唐二代目の天子であるが、当時としては、いわば新しい型の人物であった。隋末の混乱の中で、すでに前代とは違う新しい型の人物が出現しつつあった。李密や竇建徳はそういった部類に属する。新しい型という意味は、従来の旧勢力の上にただ乗りかかって、それを自己に有利に利用するしか能のない人間と違い、自分の力で新しい局面を打開しようとする人をいうのである。しかし李密や竇建徳には、まだ多分に古い尾鰭《おびれ》が残っていた。とくに彼らはある程度成功すると、たちまち従来の人物とほとんど変らない、旧式の型に逆戻りしてしまうのであった。

そこへ行くと、李世民の進化の度はだいぶん進んでいたといえる。もちろん古い勢力を利用したが、それを利用しながら新しい形にまとめ直す手腕をもっていた。唐という王朝は従来のいずれの王朝も持っていなかった新しい特徴を具えていた。

もちろんそれは、次に現われる宋王朝に比べればまだ旧い点がある。歴史は一度や二度の脱皮《だっぴ》で進化が完成されるものでなく、絶えざる努力によって新しさを重ねて行くものである。それを怠《おこた》れば逆行することさえある。その新しさは、借り物であってはならぬことは言うまでもない。本当に自分で造りあげた独創をこそ、新しいものとして評価しなければならない。李世民の歴史上における地位は、以後の歴史に現われた唐王朝の性格の新しさを検討して、はじめて適当に評価されるであろう。

後　記

隋の煬帝の生涯はこれまで、多くはまったく興味本位に、時には猟奇的にすら取り扱われる傾向が強かった。しかもこれはずいぶん古くから行なわれたことで、唐代の小説といわれる『開河記』『迷楼記』などというものが盛んに読まれ、ほとんどそれがそのまま史実のように考えられてきた。これらを総合して一つの物語にまとめたのが、『隋煬帝艶史《えんし》』、あるいは、たんに『艶史』とも称せられる通俗小説である。ところが、これが名を『隋煬帝外史』と変えると、これまたおおかたは歴史事実であるかのごとく考えられ、徳川時代、宝暦年間に日本でも和訳出版され、明治四十四年に早稲田大学出版部から出された『通俗二十一史』の中にも収められている。明治二十六年に発行された『隋煬帝』という本も、じつはこの異訳にすぎない。

煬帝の伝記はべつに小説を借りてこなくても、歴史事実そのままが面白い物語として通用する。いな、むしろ裸の史実そのもののほうが、かえって読んでも面白く、味わっ

繡像批評
艷史
人瑞堂梓

明版『艶史』の扉

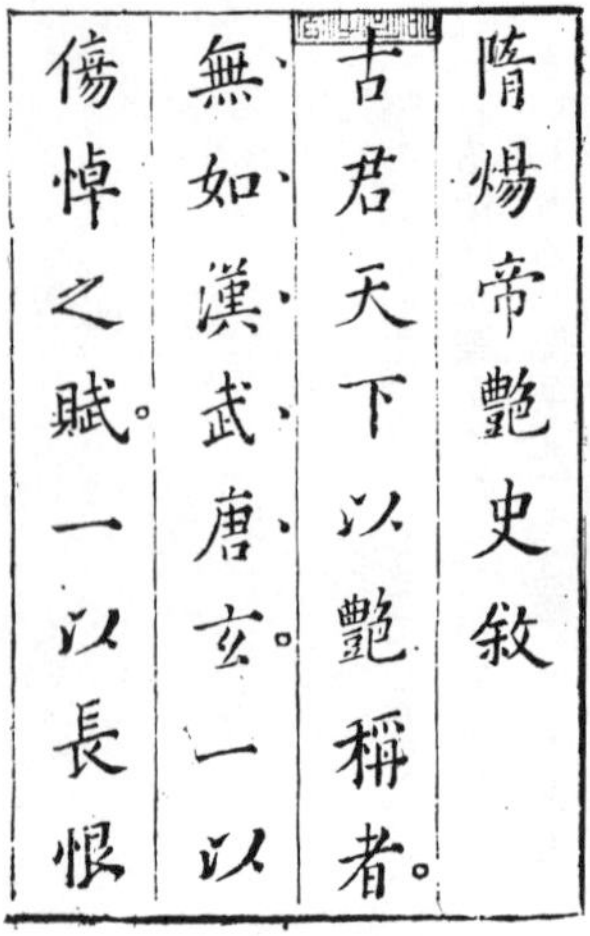
隋煬帝艷史敘
古君天下以艷稱者。
無如漢武唐玄。一以
傷悼之賦。一以長恨

明版『艶史』の序

て深みがあるであろう。わたしはそこでこの書を著わすに当っては、つとめて歴史事実だけを追求しようとした。ところでこのことは、じつはそれほど容易なことでない。というのは、『隋書』は正史だから、それに拠《よ》って書きさえすればいいというほど、歴史学は簡単なものではない。『隋書』にはすでに多くの野史の記述が採用されていて、前後撞着《どうちゃく》したり矛盾したりしているのである。

例えば煬帝は父の文帝を弑《しい》して即位したことが、ほとんど通説のように信じられているらしいが、ほんとうはそう一口には断定しかねるものなのである。この点、『資治通鑑』はさすがに慎重である。最初に『隋書』の本紀に従って、何げな

明治26年出版の『隋煬帝』の表紙

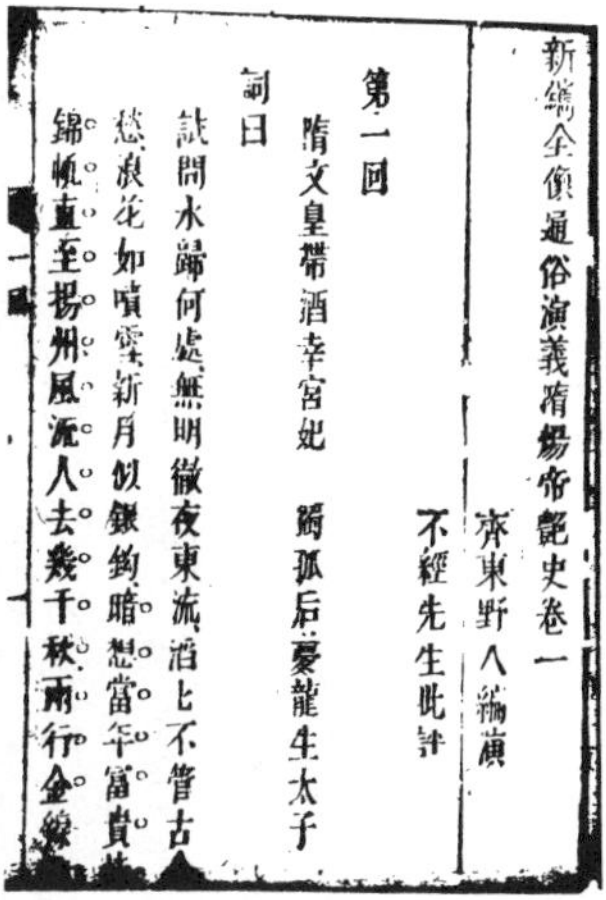
新鐫全像通俗演義隋煬帝艶史巻一
齊東野人編演
不經先生批評
第一回
隋文皇帶酒幸宮妃　獨孤后夢龍生太子
詞曰
試問水歸何處無明徹夜東流滔々不管古
愁浪花如噴雪新月似銀鈎暗想當年富貴
錦帆直至揚州風流人去幾千秋兩行金線

明版『艶史』本文の第１葉

く文帝の死を記し、そのあとへ列伝に拠って異説として煬帝弑逆の疑問を述べている。私の本書の記述も大よそこの体裁に拠った。この問題については、わたしは別に考証を試みたことがある。

　このあたりの『資治通鑑』の記載は非常によくできている。とくに人的関係を的確に把握して記している。その点も本書を著わす上に大いに役立った。近ごろの歴史学は権力者を描くことを回避し、人的関係を蔑視したがる風があるようだが、これは何かの考え違いから出たのであろう。歴史学の最後の目的は、結局、人的関係を究明するに落ちつくであろう。人間の生活とは結局のところ人的関係にほかならぬからである。この人的関係には当然、個人と個人との関係も含まれねばならぬ。その関係の仕方がどのように変遷してきたか、を知るのは歴史学の重大問題でなければならぬ。そして、その一種として帝王を取り上げることは、当然すぎるほど当然なことで、何ら回避すべき理由はない。ただ問題は、果たして巧くできたかどうかの点にある。わたしはあえてみずから自分の出来栄えを評価しようとは思わぬが、ただし、こういうものはこれからも自分で書き、また書くことを人にすすめようとする自分の立場には、絶大の自信を持つものである。

本書に挿入した挿絵は、明版『隋煬帝艶史』から多く採った。べつに根拠のあるものではないが、ただ中国人がどのように当時の実景を想像したかを知る上に興味がある。

なお本書の記事に関係のある学術的な論文には次のようなものがある。

布目潮渢　「楊玄感の叛乱」(「立命館文学」第二三六号　昭和四〇年二月)
拙稿　「隋代史雑考」(「史学研究」第七二号　昭和三四年四月)
山崎　宏　「隋朝官僚の性格」(「東京教育大学文学部紀要」VI　昭和三一年)

隋代史雑考

一　隋国号考

歴史学の上では恰も自明の理のように、ほとんど疑いない事実として考えられていて、さて一歩突きこんで考察を加えると、それが甚だあやふやな仮説に過ぎなかったというような場合がよくある。隋王朝の隋の字の問題がその一つの例である。

隋という字は、もと春秋時代の随国の随から起こり、随は州名、郡名、または県名として後世に残っている。然るに北周の世に外戚楊堅が随国公に封ぜられたが、彼が北周を簒奪して天子になると、随字の中に走と同じ意味の辶があるのを嫌い、辶を去って隋の字を国号に定めたと言うのである。これが現今定説のようになっていて、恐らく入学試験などの際に、隋王朝を随王朝と書いたなら、減点されることは疑いない。

ところがこの説には一体どこまで確かな史料があるかと探して見ると、案外見当らないのである。隋書、あるいは全隋文を探しても、そういった詔とか宣言とかいうものが発せられた形迹はない。またその的確な年代もはっきりしたものがない。南宋の呉曽の

能改斎漫録巻一、古無隋字の条に

隋の字は古に之れ無し。武帝禅りを受け、魏・周・斉は寧処に遑あらざりしを以て之を悪み、遂に辵を去り、以て単に隋字を書す。猶お後漢が洛に都し、火徳の故を以て、水を去りて隹を加え(雒)しがごときなり。

とあり、これによれば隨を隋に改めたのは、文帝が天子の位に即いた時のことになる。そこで正史はどのようにこの点を扱っているかを見たいのであるが、不幸にして原本を見ることが出来ないから、已むを得ず、百衲本宋蜀大字本後周書、同元大徳本隋書、四部叢刊本宋本資治通鑑などに当って見る。周書巻五武帝紀上では

保定二年五月壬辰。柱国隨国公楊忠を以て大司馬と為す。

天和三年七月壬寅。柱国陳(隨?)国公楊忠薨ず。

とあり、同書巻六武帝紀下には

建徳四年七月丁丑。隋国公楊堅云云。

とあり、文帝の父楊忠の時代までを隨と書し、子楊堅の代になると初出の建徳四年(五七五年)から隋国の字を用いている。然るに宋本資治通鑑によると、巻一七四、陳太建十二年(北周・大象二年、五八〇年)の条に

九月庚戌。隨の世子勇を以て洛州総管と為す。

十二月甲子。周、大丞相堅を以て相国と為す。爵を進めて王と為し、安陸等の二十郡を以て隋国と為す。

とあり、随を隋に改めたのは、楊堅が王に封ぜられた時を以てしている。百衲本資治通鑑には胡注がないが、いま胡注本（巻一七五、陳・太建十三年、隋・開皇元年、五八一年）「禅位于隋」の条下を見ると

隋主、随公を襲封す。故に国号を随と曰う。周斉が寧処に遑あらざりしを以て、故に辵を去りて隋と為す。辵は走と訓ずるが故を以てなり。

とあり、これも革命の際に随を隋に改めた意見らしいが、本文と一致しない。結局、随を隋と改めた時期については、五七五年以前、五八〇年、五八一年と三様の仮説が存するわけである。

然るにもっと根本資料となる金石文資料では、隋代はもちろん唐初まで、実は随隋を混用して区別がないのである。この事は早く金石萃編の著者王昶が指摘するところである。即ち巻三八、隋杜乾緒等造像銘の按文に

按ずるに銘の序の首に云う、大隋の開皇十二年、歳壬□に在り、と。考うるに随は本と春秋の時の国、即ち今の随州なり。隋の文帝初め封を随に受く。天下を有つに及び、随は辵に从い周・斉は奔走寧からざるを以て、故に辵を去りて隋と作す。然

れども之を碑刻に見るに往往通じて用う。以て唐初の諸碑に逮ぶまで、随と書して隋と為す者枚挙すべからず。此碑は仍て大隨に作る。蓋し未だ嘗て定制あらざりしなり。

と言い、王朝名を隋と書くのは定制としてではなかったと論じ、さらに巻三九、隨安喜公李君碑の按文には清の呉玉搢の金石存巻一一を引いて、

羅泌の路史に曰く、隋の文帝、隨が辵に従うを悪み、改めて隋と為す。知らずや、隋は自ら音妥にして、隋とは鬼神を尸祭するの物なり。予按ずるに、隋は音妥なりと雖も、本と亦た隨の音あり。衡方の碑に、禕隋を借りて委蛇と作し、唐扶の碑が逶隋を以て委蛇と作し、劉熊の碑が委隨を以て委蛇と作すと同じ、則ち隋隨の同音なること知るべし。又た当時隨を改めて隋と為すと雖も、而も此の碑額は仍お大隨に作る。唐の太山に紀するの銘に、爰に隨政を革むとあるも亦た然り。是れ二字本と通じて用うべく、一時省に従う、故に多くは書して隋に作る。真に悪む所ありて、禁じて書して隨と作すを得ざらしむるに非ざるなり。予此碑に跋せし後、偶ま唐碑数処を検せしに皆な隨隋互用して別なし。益々前説の謬らざると為すを信ずるなり。

とあり、隋はもと隨字の省略で、両字が互用されたに過ぎぬと指摘し、前文に続いてそ

の用例を豊富に挙げている。

褚亮の碑に、随の開皇九載とあり、乙速孤行儼の碑に、随の益州とあり、盧公清徳の文に、随の金州刺史とあり、孔子泰に贈るの碑に、有随交々喪う、とあり、皆な隋を書して随に作る。葉恵明の碑に、情は地に隋って深しとあり、牛夫人造像碑に、図擬する所に隋う、とあるは則ち随を書して隋と為す。是れ二字通用の明験なり。特だ唐より以後、始めて分別して之を用うるのみ。独り隷書に随隋同用するのみならず、即ち真書も亦た然り。虞世南の孔子廟堂碑、欧陽詢の九成宮醴泉銘、朱子奢の昭仁碑、王知敬の李衛公碑、高宗の李英公碑、武后の順陵碑、王元宗の華陽観王先生碑、裴漼の少林寺碑、は皆な隋を書して随に作る。水経注に、涓水は東南して隋県の西を逕るとあり、随を書して隋に作る。（以上金石存）

とあり、すでに当時の第一史料たる碑刻がそうなっているのであれば、王昶の説は確然、動かすべくもない。別に金石萃編巻三九に載する曹子建碑（開皇十三年）を見れば、隋の字からさらに工を省いた略字すら用いられているのである。

随と隋との用法が区別されてきたのは、すると中唐以後だということになる。そして文帝が縁起を担いで字を改めたという説は、今のところ南唐の徐鍇の説文繋伝までしか

溯れない。曰く

隋の文帝、隨字が走たるを悪み、乃ち之を去りて隋字を成る。隋は裂肉なり、其の不祥たるこれより大なるはなし。殊に知らずや、隨は辵に従う。辵は安歩なり。而して妄りに之を去る。豈に不学の故に非ずや。

とあり、この説は王応麟の困学紀聞巻一三にもそのまま引用している。

思うに隋文帝が縁起を担いで、隋という字を新たに造ったというのは、宋儒の喜びそうな説である。宋代の学者は、旨く説明さえつけばそれを事実だと思いこむ癖があった。そして当時は金石学などが起こりかけてはいたものの、まだ広く史料を集めて根本から考え直すまでには至らなかった。一切を白紙に返して出来るだけ広く史料を蒐集して考証する学風はやはり清代を待たねばならなかった。

隋字の問題は王昶の説で尽き、すべてが解決ずみであると言っていい。然るにわれわれの常識はどうやら宋学の線でとまっているらしい。こういうことは他にもしばしばあるらしく、せっかく、清代の考証学者が苦心惨憺して研究した成果が看過されていては、地下の彼らとしても甚だ不本意であるにちがいない。

二　隋文帝被弑説

隋の文帝は仁寿四年（六〇四年）、病中をその太子楊広のために弑せられ、楊広が即位したのがすなわち煬帝である、ということがほとんど定説となっており、ごく簡単な年表などにもそう書いてある。然るにこの説の出処はどこかと言うと実は甚だ怪しいのである。

まず隋書の記載を検討する。言うまでもなく隋書は唐の太宗の時代に成り、隋代のこと、就中隋の煬帝のことは悪し様に書く必要はあったかも知れぬが、弁護したり隠蔽したりする必要は毫もない時に書かれたものである。隋書巻二、高祖本紀仁寿四年（六〇四年）の条によれば

正月乙丑。詔して、賞罰支度は事巨細となく、並びに皇太子に付す。

四月乙卯。上不予なり。

七月甲辰。上疾甚しきを以て、仁寿宮に臥す。百寮と辞訣し、並びに手を握りて歔欷す。

丁未。大宝殿に崩ず。時に年六十四。遺詔に曰く（下略）。

乙卯。喪を発す。

とあり、この間何事もないものの如くである。またその巻末の論賛を見ても、太子から弑逆を受けたらしい字句はほとんど見出せない。このことは高祖文帝紀のみでなく、煬帝紀を見ても同様であり、論賛は相当の長文であり、煬帝の政治私行に対して忌憚なく批評を加え、

高祖の大漸なるより、諒闇の中に暨び、烝淫度なし。山陵始めて就り、即ち巡遊を事とす。至る所、唯だ後宮と流連躭湎すること、惟れ日も足らず。姹媼を招迎し、朝夕共に醜言を肆にす。又た少年を引き、宮人と穢乱せしむ。不軌不遜、以て娯楽を為す。

と醜言を加えているに拘わらず、弑逆については一言半句も及んでいない。

煬帝弑逆の事をほのめかしたらしい記事は、隋書では列伝の中に記載がある。巻三六、宣華夫人陳氏伝には

初め上の仁寿宮に於いて疾に寝ぬるや、夫人は皇太子と与に同じく疾に侍す。平旦出でて衣を更う。太子の逼る所と為る。夫人之を拒みて免るるを得たり。上の所に帰る。上其の神色異あるを怪しみ、其の故を問う。夫人泫然として曰く、太子無礼なりと。上恚りて曰く、畜生何ぞ大事を付するに足らん。独孤誠に我を誤てり、と。

意は献皇后を謂うなり。因て兵部尚書柳述、黄門侍郎元巌を呼んで曰く、我児を召せ、と。述等将に太子を呼ばんとす。上曰く、勇なり、と。述巌閤を出で、勅を為り書し訖り、左僕射楊素に示す。素其事を以て太子に白す。太子張衡を遣して寝殿に入らしめ、遂に夫人及び後宮の同に疾に侍す者をして、並びに出でて別室に、就かしむ。俄にして上崩ずるを聞く。而して未だ喪を発せざるなり。

とあり、巻四五、房陵王勇伝には

高祖仁寿宮に於いて疾に寝ぬ。皇太子を徴して入りて医薬に侍せしむ。而して宮闈を姦乱す。事高祖に聞ゆ。高祖牀を抵ちて曰く、我児を枉廃せり、と。因って遣わして勇を追せしむ。未だ使を発するに及ばず。高祖暴かに崩ず。秘して喪を発せず。遽かに柳述・元巌を収めて、大理の獄に繫ぐ。

とあり、巻四八、楊素伝には

上の不予なるに及び、素は兵部尚書柳述、黄門侍郎元巌等と閤に入り疾に侍す。(中略)素、詔を矯め、東宮の兵士に帖を追し、台に上りて宿衛せしむ。門禁の出入には並びに宇文述、郭衍の範度を取らしむ。又た張衡をして疾に侍せしむ。上此の日を以て崩ず。是に由り頗る異論あり。

とあり、「暴崩」という文字は普通に弑逆の際に用いられる書法であり、「俄聞上崩」や、

「頗有異論」も弑逆を疑った書き方である。

ところでこれらの記事はその根源を一にする同系統の記録らしい。現今その拠った原典を明らかにすることは出来ないが、資治通鑑考異巻八、隋紀上、仁寿四年七月丁未上崩、中外頗有異論、の条下に同系統に属する二書を引いて、ほぼ同様の説を述べている。

趙毅の大業略記に曰く、高祖仁寿宮にあり、病い甚し。帝を追して疾に侍せしむ。而して高祖の美人の尤も嬖幸せられし者は唯だ陳・蔡二人のみ。帝乃ち蔡を別室に召す。既に還る。面傷きて髪乱る。高祖之を問う。蔡泣いて曰く、皇太子非礼を為す、と。高祖大いに怒り、指を齧みて血を出し、兵部尚書柳述、黄門侍郎元岩等を召し、詔を発して庶人勇を追し、即ち廃立せしむ。帝事迫る。左僕射楊素、左庶子張衡を召し、毒薬を進めしむ。帝、驍健の官奴三十人を簡び、皆な婦人の服を服し、衣下に仗を置き、門巷の間に立たしめて、以て之が衛を為さしむ。素等既に入る。而して高祖暴かに崩ぜり、と。馬摠の通暦に曰く、上疾あり。仁寿殿に於いて百寮と辞訣す。並びに手を握りて歔欷す。是の時唯だ太子及び陳宣華夫人のみ疾に侍す。太子礼なし。宣華之を訴う。帝怒りて曰く、死狗、那ぞ後事を付すべけんや、と。遽かに勇を召さしむ。楊素秘して宣せず。乃ち左右を屛け、張衡をして入りて帝を拉がしむ。血屛風に濺ぐ。冤痛の声、外に聞えて崩ず、と。今隋書に従う。

とあり、通鑑はさすがにその説をそのままには取らなかったが、驚くべき二つの異聞を述べ、本文には隋書楊素伝を採用しているのである。

然るにこの系統の所伝が甚だ疑わしいと思われるのは、第一には凶行の下手人が張衡であること、第二には柳述と元巌との行動に関してのことである。張衡は隋書巻五六に伝あり、弑逆の点には一字も触れず、その骨鯁の臣なることを述べ、最後に煬帝の怒に触れて自殺を賜わった経緯を記す。そして唐の高祖が長安に入り、煬帝の孫恭帝を擁立した義寧年間になり、

　義寧中、死すること其の罪に非ざりしを以て、大将軍南陽郡公を贈り、謚して忠と曰う。

と言い、これに相応ずるが如く、煬帝紀の論では

　高熲・賀若弼は先皇の心膂にして帷幄に参謀す。張衡・李金才は藩邸の惟れ旧。績経綸に著わる。或いは其の直道を悪み、或いは其の正議を忿る。其の無形の罪を求め、加うるに刎頸の誅を以てす。

とあって、張衡は直道正義の臣となっている。もしも張衡が文帝弑逆の下手人であったならば、このような形容は下されなかったと思われるし、だいいち忠という謚など贈ら

れるはずがない。

次に柳述と元巌とであるが、柳述は隋書巻四七に伝あり、元巌は隋書巻六二に伝ある元巌とは別人で、反って隋書巻八〇、列女伝中の華陽王楷妃伝中に見える元巌である。両者いずれも煬帝即位の後に南方に配流されたことになっていて、前述の諸記録と巧く辻褄が合うようであるが、ただし彼らが楊素によって逮捕された時期については所伝が異なる。隋書の柳述伝には、彼らは煬帝の父帝弑逆に邪魔であったために拘留されたことになっているが、前引隋書房陵王勇伝の続きには

高祖暴かに崩ず。秘して喪を発せず。遽かに柳述・元巌を収めて、大理の獄に繫ぐ。偽って高祖の勅書を為り、庶人（廃太子勇）に死を賜い、房陵王に追封せり。

とあり、両人の逮捕は廃太子勇を死に処するために取った手段として記されている。どうもこの話の方が筋が通っていると思われる。同一の事実でも、ちょっとした時間の前後でその持つ意味がすっかり変ってくるが、隋書にはこうした矛盾がしばしば現われる。

そもそも隋書の紀伝は魏徴等の手に成り、同修者は顔師古、孔穎達の外に許敬宗等があったと言う。かく多数の者が参加したために前後に矛盾があり、四庫全書総目提要の言う所によれば

其の紀伝は一手に出でず。間々異同あり。文帝本紀に云うが如くんば、善く相する者は趙昭にして、芸術伝には来和に作る。又た本紀に云う、賀若弼を以て楚州総管と為す、と。而して弼本伝には則ち呉州に作る。蓋し巻帙浩繁にして牴牾は免れざる所に在り。

とあり、本紀と列伝との間の矛盾を指摘している。煬帝に関する場合、本紀は恐らく確実な記録によって書かれ、論賛も当時の社会に公認された輿論に従って説を立てたのであり、列伝の各所に現われた異説は、一部に伝わった風聞を載せたに過ぎぬであろう。ただ一つ残る問題は、文帝の死亡と発喪との間に八日間の間隙が存する事実である。この八日間には確かに何事かが極秘裏に進行していたに違いないのである。ただしこれは廃太子の処置に費されたことは事実であって、隋書巻四八、楊約伝に

高祖の崩ずるに遇い、約を遣して入京せしむるに、留守する者を易え、庶人勇を縊死せしめ、然る後に兵を陳ね衆を集め、高祖の凶問を発す。煬帝之を聞きて曰く、令兄(楊素)の弟、果して大任に堪えたり、と。

とあり、将来の禍根を除くために兄殺しの大罪を敢えてしたことは事実であった。また幷州総管の漢王諒に対する、いざという準備も考えねばならなかった。しかし当時の周囲の情勢から考えて、父を殺さねばならぬほど切迫した事情があったとはどうも考えら

れぬのである。廃太子勇が殺されても、その党派が暴動を起こすというような気配は遂に現われなかった。むしろあまりに気をまわし過ぎて無抵抗にも等しい廃太子を殺したりしたがために、かえって父を弑逆したという風聞も立ったのではなかろうか。因に、彼らの一人の兄弟に廃蜀王秀があり、僭擬の罪で文帝の怒を買い、仁寿二年に幽閉されたが、煬帝の在世中を生き延び煬帝が江都で殺されると同時に諸子と共に害せられた。末弟の漢王諒は幷州総管であり、文帝の死後兵を挙げて叛したが、楊素等に破られて降り、一死を赦されて幽囚中に死んだという。

隋の煬帝は古来暴虐なる君主の代表者のように称せられる。しかしながら中国史上で暴君とよばれる者は偶然のめぐり合せにあって不幸な鬮に当った人が多いようである。それは多くは亡国の君で、後世何人も弁護の労をとってくれず、かえって革命後の新王朝のためにみせしめにされる場合がある。夏の桀王、殷の紂王、周の幽王、秦の始皇帝、みな然りである。然るにかかる傾向についてはすでに子貢が論語子張第一九の中で

子貢曰く、紂の不善は、是の如く之れ甚しからざりしなり。是を以て君子は下流に居るを悪む。天下の悪皆なこれに帰すればなり。

と言っている通りである。煬帝の悪もせいぜい隋書本紀に記されるくらいが関の山ではなかったか。隋書巻四、煬帝の論賛には先に引用したほかにも

淫荒にして度なし

とあり、また隋書巻七〇、楊玄感伝に、彼が謀反した後に樊子蓋に書を与えて煬帝の悪事を暴露した中に

酒色に荒淫し、子女必ず其の侵を被る。

とあるが、これは恐らく事実で、隋書巻四、煬帝本紀大業八年歳末の条に

江淮南諸郡に密詔し、民間の童女を閲視し、姿質端麗なる者を、毎歳之を貢せしむ。

とあるに相応ずるものであろう。しかしながら煬帝にはまた別の一面があり、同巻大業九年閏九月の条に

己巳、博陵に幸す。庚午、上侍臣に謂いて曰く、朕昔先朝に従い、此に周旋す。年甫めて八歳なり。日月居らず。倏として三紀を経たり。平昔を追惟するも、復た希うべからず、と。言未だ卒らず、流涕嗚咽す。侍衛する者皆な泣下りて襟を沾す。

とあり、甚だいわゆる煬帝らしからぬ面もあったのである。彼はむしろ弱い性格の持主で、側近に誤られ易い君主であったと思われる。

煬帝の父帝弑逆説は唐初においては単なる風聞程度に過ぎなかったのが、次第に悪評を加上して、ほとんど定説のようになったのは則天武后の頃からであるらしい。旧唐書巻六、則天本紀久視元年（七〇〇年）七月壬寅の条に、楊素の子孫を禁錮に処した詔を

のせ
制に曰く、隋の尚書令楊素は、昔本朝に在りて、早く殊遇を荷う。凶邪の徳を稟け、諂佞の才あり。君上を惑乱し骨肉を離間す。冢嫡を揺動するは、寧んぞ唯だ握蠱の禍のみならんや。後主を誘扇して、卒に譖躒の釁を成す。隋室の喪亡する、蓋し惟れ僻多し。其の萌兆を究むるに、職として此れに之れ由る。生きては不忠の人と為り、死しては不義の鬼と為る。身は幸にして免かると雖も、子は竟に族誅せらる。斯くなれば則ち、姦逆の謀を是に庭訓と為し、険薄の行い、遂に門風を成す。刑戮加わると雖も枝胤は仍お在り。何ぞ近侍に肩随して、朝行に歯列するを得んや。朕は統を百王に接ぎ、四海に恭臨す。上は賢佐を嘉し、下は賊臣を悪む。常に万機の余に従容とし、千載の外に褒貶せんと欲す。況んや年代未だ遠からず、耳目のある所の者をや。其れ楊素及び兄弟子孫已下は並びに京官及び侍衛に任ぜしむるを得ざれ。

とあり。禁錮の理由として、文帝を惑わして皇太子を易置したほかに、後主（煬帝）を嗾して譖躒の釁を成さしめたからだと言っている。これは有名な春秋時代の故事、楚の成王が太子（穆王）のために幽閉され、熊蹯を食うて死せんことを請うたが許されず、縊死した事実を指す（左伝、文公元年）。従って間接に言えば煬帝が楊素と共謀して父を殺したことを認めたことになるのである。ただ唐が前代のいわゆる姦臣の子孫を禁錮したのは楊素に始まったのでなく、すでに太宗の貞観七年（六三三年）正月戊子、煬帝を弑した宇文化及の一味子孫を禁錮に処しているのである。旧唐書巻三、太宗本紀同日の条に

詔して曰く、宇文化及・弟智及（中略）・李覆等、大業の季年に、咸な列職に居る。或いは恩一代に結び、任一時に重し。乃ち凶慝を包蔵し、忠義を思う罔し。爰に江都に在りて、遂に弑逆を行う。罪は閹趙を百にし、釁は梟獍に浮ぐ。事は是れ前代にして、歳月已に久しと雖も、而も天下の悪は古今同に棄つ。宜しく重典に寘き、以て臣節を励ますべし。其の子孫は並びに宜しく禁錮し、歯叙せしむること勿れ。

とあり、頗る広範囲にわたって子孫の任官権が奪われているのである。ところで煬帝は確かに敗徳の多かった君であったとして、これに対する弑逆の諸臣が罰せられるなら、文帝に対してもし弑逆の事実があったとしたならば、此方の関連者は一層厳しく罰せられなければならないはずであるが、遂にその事なくしてすんだ。それどころではない、楊素の一族はその子玄感の反乱に坐して隋代には皆除名されていたところ、楊素の弟岳の子弘礼は、唐の高祖即位の始めに、隋代勲業のあった楊素の従孫だというので、清河郡公を襲封することを許されてさえいる（隋書巻七七、楊弘礼伝）。

これは当時まだ煬帝の文帝弑逆説が一般の輿論を構成するに至らなかったことを示すものである。因に隋書が他の梁陳斉周の四史と共に成書として上られたのは貞観十年（六三六年）のことであり、宇文化及等の子孫に対する禁錮の議は、修史事業と平行して起こったものと察せられる。従って偶然の僥倖で楊素が目こぼしに与ったことも考えられないのである。

然るにその後煬帝に対する悪評は加速度を加え、宇文化及等子孫禁錮のことあって後、約七十年にして楊素が弑逆使嗾の責任を問われたのは甚だ奇異に感ぜられる。このことは旧唐書巻七七、楊纂伝に言うところによれば、楊素の弟に岳あり、岳の孫に元禧なる者あり、医術をもって則天の信任を受けたが、則天の寵臣張易之の意に逆らい、ために張易之が纔訴密奏した結果であるという。そこで元禧は兄元亨と共に左遷され、張易之が誅されて後、再び京職に復任したが、一度悪評が立てられると容易にそれが消えず、禁錮の詔の出た記憶のみ残って、解除のことは忘れてしまう。殊に煬帝は亡国の君なので桀紂に比せられる無類の暴君と見なされ、以後誰一人として、何の得にもならない弁護の労をとる物好きは現われなかったのである。

三　大業十四年

普通の年表を見ると隋の末期、煬帝の治世は大業十三年で終りその年末が義寧元年となり、義寧二年が唐の武徳元年という風に書かれている。これは資治通鑑などの書き方によったのであるが、実は甚だ不適当な書法であり、大業は十四年まで続いたことは、すでに清の趙翼が二十二史箚記巻一三、大業十四年の条に指摘する通りである。いまその原文を引用する煩を避けて大意を述べ、併せて補足的説明を加えれば次のようになる。

煬帝は大業の末期、高句麗征伐の失敗に加えて楊玄感の反乱あり、大業十二年に江都揚州に赴いた。然るに楊玄感の残党李密の兵勢が盛んになり、十三年、河南の諸郡を略取し、国都長安と江都揚州との連絡も途絶えがちとなった。これに乗じて太原に居た李淵が兵を挙げ、長駆して長安に入り、煬帝の孫なる代王侑を擁立して帝位に即かせ、義寧と改元した。時に十一月壬戌のことであり、煬帝に尊号を上って太上皇とした。

そこで後世の歴史は多くこの新年号を用い、資治通鑑の如きも、大業十二年に続く年は、正月から義寧元年としているのであるが、これは適当でない。李淵が代王侑を擁立して煬帝を太上皇としたのは全く一方的な措置であり、国都長安を占領したと言っても まだ全国がこの新政権に靡いたわけではなく、煬帝は依然として江都において主権を行使しつつあった。これは南宋末や明末の諸帝が、明らかに国家滅亡の後に自立した偏安政権とは事情が全く異なるのである。

ところが大業十四年の三月に江都に兵変が起こり、宇文化及等が乱を起こして煬帝を弑し、併せてその一族に及んだ。これを聞いた東都洛陽では留守の百官が議して越王侗を奉じて天子の位に即かせ、煬帝に対し廟号世祖、諡号明帝を贈り、年号も皇泰と改元した。時に五月戊辰の日である。そこでもし大義名分を論ずればこの新皇帝の方が正統であるから、この年の前半は大業十四年、後半は皇泰元年と書すべきである。

然るに東都の政権は李密のために圧迫されて威令が遠くに及ばなかったが、その中に西域人出身の将軍王世充が李密を破って功を立て、朝政を掌握し、皇泰二年四月乙巳の日に禅を受けて皇帝の位に即き、国を鄭と称し、年号を立てて開明と言った。廃された隋帝越王侗は資治通鑑にこれを皇泰主と呼んでいる。東都の吏民は王世充に心服せず、再び皇泰主を擁立する計画があったので、王世充は五月、これを殺して恭皇帝と諡した。

一方、長安では李淵が代王侑を立てたのは全く煬帝に対抗する便宜のためであったから、煬帝の凶問が聞えてくると最早用がなくなったので、義寧二年五月甲子、隋帝侑を廃して自ら皇帝の位につき、国を唐と号し、年号を武徳と改めた。洛陽では、煬帝が死んだので代りに越王侗を立てて天子としたのに反し、長安では邪魔な煬帝が死んだので、安心して革命を行ったのである。しかも翌武徳二年五月、この隋廃帝も唐のために殺され、恭帝と諡された。洛陽と長安とで同じ年の五月に、兄弟の隋廃帝が殺され、同じように恭帝と諡されたのは奇しき偶然の暗合である。

されば隋の滅亡は、長安の方が一年早く、義寧二年（隋）＝武徳元年（唐）＝六一八年であるが、洛陽の方はその翌年、皇泰二年（隋）＝開明元年（鄭）＝六一九年まで続いたのである。中国流の大義名分から言えば洛陽政権の方が正統であるから隋の滅亡は、正しくは六一九年とすべきであろう。さすがに清の斉召南の歴代帝王表はこの書き方に従っている。ただしそうするとそれを受ける唐は武徳二年から始まることになってしまうので、便宜のために隋唐の交代を六一八年にするというなら異議はない。しかしこれもまた、試験の答案などに隋の滅亡を六一九年としたらば、誤りとして黜けられはせぬかと虞れるのみである。

四　隋恭帝兄弟考

隋の煬帝の皇太子昭は大業二年七月甲戌に死亡し、あとに三人の子を残した。その長幼の序は普通に代王侑、燕王倓、越王侗の順序であると考えられているらしく、特にこのうち代王侑と越王侗との関係は前者を兄、後者を弟と明記した辞典、概説書があるが、実際のところ、この三人の長幼の序は判然していないのである。

代王侑を兄、越王侗を弟とする考えは、日本では那珂博士の支那通史巻三下附録に見える隋の系図が根源をなしているらしい。すなわち同書には

隋（楊氏、後漢太尉震之後、後周に代る。凡三世三十九年。恭帝侑を加えて四帝と為す。侑唐に禅り、恭帝侗鄭に禅る。）

㈠高祖文帝堅―㈡世祖明帝広（唐謚煬帝）―元徳太子昭（世宗成帝）┬恭帝唐酅公侑
└㈢恭帝鄭潞公侗

と見えている。ただしこの場合、那珂博士が侑・侗を直ちに長幼の序だと見なされたことにはならない。何となれば、博士の系図の書き方は普通と異なって、嫡庶の分を立て

られることがあるからである。すなわち支那通史巻四附録には趙宋の系図が載せられているが、その最後の部分は

㉕度宗皇帝禥　理宗養子
　├㉖徳祐帝㬎
　├㉗端宗皇帝昰
　└㉘祥興帝昺

とあり、度宗の三子の順を㬎・昰・昺の順に記すが、これは決して兄帝の順だと考えられたわけでないことは、本文の中ではっきりと、㬎の兄益王昰と言ってあることで分る。博士の定められた順はどうやら嫡庶の順らしく、㬎こそは嫡出子であったのである。これは宋史巻四七、二王紀に

度宗崩ず。謝太后、賈似道等を召して宮に入れ、立つる所を議す。衆以為えらく、昰は長なれば当に立つべし、と。似道は嫡を立つるを主り、乃ち㬎を立つ。而して昰を封じて吉王と為し、昺を信王と為す。

とあるが、博士の立てられた順は正にこれに従っているのである。因にこの場合、㬎すなわち徳祐皇帝（元瀛国公）は咸淳七年九月己丑の誕生であり、昺は一年おくれて咸淳八年正月辛未の生れであり、昰は最年長で咸淳五年六月甲申生れである（宋史巻四六）。だからもしこの三人を長幼の序に列べかえれば、昰・㬎・昺の順序にしなければならな

い。

那珂博士が隋の場合、侑を先に、侗を後に列べられたのは全く上例と同じく、嫡庶の順に従ったものに違いない。それは隋書巻五九、煬三子伝に

> 元徳太子昭。煬帝の太子なり（中略）。子三人あり。韋妃は恭皇帝〔＝侑〕を生み、大劉良娣は燕王倓を生み、小劉良娣は越王侗を生む。

とあるからである。尤もこの書き様は甚だ紛わしく、中国史家の中にもこれをもって長幼の序と理解したらしい者もある。趙翼の二十二史箚記巻一五、隋文帝殺宇文氏子孫、の条に

> 昭の子代王侑は唐の立つる所と為り、未だ幾くならずしく位を禅る。鄘国公に封ぜられ、数月ならずして殂す。次は燕王倓、亦た害に江都に遇う。次は越王侗、号を東都に称し、王世充の弑する所と為る。是において煬帝の子孫、亦た遺種なし。

とあるが、もしもこの中の次という言葉が長幼の次第の意味であり、その根拠がもしも先に引くところの煬三子伝であったならば、それは誤解という外はない。

然らば恭帝兄弟の真の長幼の序はどうであろうか。これを推測せしめるのは隋書巻三、煬帝本紀、大業二年の条に見える封王の記事である。すなわち同年七月に皇太子昭が死んだ後をうけて

八月辛卯。皇孫倓を封じて燕王と為し、侗を越王と為し、侑を代王と為す。

とあり、この順序には何か意味があるに違いなく、それが嫡庶の順でないことは明瞭である。また別に皇太孫というものが立てられた事実もないから、残るところは長幼の序であるよりほかない。さらに出来るだけの考証を試みると、燕王倓と代王侑の年齢は知ることができる。すなわち

隋書巻五。恭帝〔侑〕本紀。武徳二年（六一九年）春五月崩ず。時に年十五。

隋書巻五九。煬三子伝。燕王倓（中略）。俄にして難作り、賊の害する所と為る。時に年十六〔六一八年〕。

とあるによって生年を逆算することができる。さらにそれから大業二年（六〇六年）、封王の時の年齢を計ると

燕王倓四歳。越王侗？　代王侑二歳。

ということになる。これで見ても越王侗は、三人兄弟の中間であったに違いないことが分る。故にもし、代王侑を兄、越王侗を弟と考えたならば、それは誤りと断言することは尚早としても、少なくも不適当だとは言える。封王の際には概ね長幼の序によることは唐代にも普通に見受けることである。

右の隋の三王についての事蹟は前にもちょっと触れたが、煬帝が大業十二年、江都に

赴くに際し、亡太子の嫡出の末子代王侑を首都長安に留めて留守とし、二子越王侗を東都洛陽において副都を守らせ、長子燕王倓を自ら伴って江都に至った。このように三孫を分置したのは当時天下の形勢が甚だ危かったので、一家の危険を分散するつもりであったかと思われる。江都に居ても煬帝は常に自殺用の毒薬を準備していたとあるから、その心底を計ればむしろ憫むべきものがある。ただ彼は記録の記すところによれば、個人の力をもってしては如何ともしがたい危難に直面するのを自覚しながら、その実際の行動は近臣に誤られて拙劣を重ねるばかりであった。

燕王は敏慧で美容であったので煬帝は諸孫の中でも特に寵愛し、常に左右に置いた。宇文化及等の兵変が起こった時、彼は予め察知して入奏しようとしたが、正門から入ると阻止されることを慮り、梁公の蕭鉅等と芳林門側の水竇をぬけて入り、玄武門まで来て帝に面会を求めたが、遂に守宮者の遏むるところとなって目的を果たさず、難が起こると乱兵のために殺されてしまった。時に年十六であった。

以上の諸考は決して歴史の本筋の研究ではない。しかしながらそれは系図とか年表とか、日常われわれが最も身近に利用するハンドブックの内容に関するものである。こういう類の事実は少々煩雑であっても、出来るだけ正確を期したいものであるが、それが案外疎略に取り扱われる傾向がありはしないか。本編は言わばその盲点を救いたいために、今まで放置された諸問題に些か考察を加えようと試みたもので、むしろ研究以前の基礎問題であると言ってもよいと思う。

隋代の歴史が理解しにくくなったのは、後世になって成立した儒教的史観、道徳的解釈学のためである。儒教的史観によれば、天命を受けた創業の君主には天命を受けるだけの資格がなければならない。同時に亡国の君主にはまた天命が去るだけの悪徳がなければならない。これを隋代にあてはめると、明君文帝の明るい時代と、暴君煬帝の暗黒な治世との対照ができ上がる。ところがこの間の推移がうまく説明できない。そこで煬帝による父親文帝の弑逆という風説が動かぬ事実と化し、それが明暗の転機になり、これを軸として隋代の歴史が道徳的に説明されることになってきたのである。しかしながら隋代を身をもって体験した唐初の史家の意見はそうでなく、隋書高祖紀の論賛にも

其の乱亡の兆を稽うるに、高祖より起り、煬帝に成る。由来する所遠きなり。

と言って、高祖文帝にも連帯責任のあることを述べている。

平心に観察すれば、文帝の簒奪のやり方、そのあまりにも惨虐な前王朝の一族に対する迫害、猜疑深い密偵政治などは、北周以来の長安軍閥の離叛を招くに十分なものであった。さらに煬帝兄弟の不和は人心を動揺させ、嫡兄を排除して即位した煬帝は勢い兄

弟に迫害を加えざるを得ず、さらにそれが新たな不安を醸すという悪循環を生じ、気の弱い煬帝は遂に長安に居たたまれずして、平和な場所を探して揚州へ逃げ出したというのが真相であったようである。彼は譜代の軍隊を信頼することが出来ず、新しい軍隊を組織して揚州へ伴って行ったが、やがてこの新軍にも裏切られて無残な最期を遂げたのである。そこには煬帝個人の力では打勝つことのできない大きな運命があった。この大勢を見失って歴史を個人に還元すると、隋代の歴史はつまらないものになり、初歩的な史実の甲乙を究めるための努力すら払われなくなってしまったのである。

解　説

礪波　護

本書は、著者自身が監修された四六判「中国人物叢書」（人物往来社刊）の一冊として刊行された『隋の煬帝』（一九六五年）を本篇とし、短篇の考証論文「隋代史雑考」を付録したものである。中国の南北をむすぶ大運河を建設し、三度にわたる高句麗遠征に失敗して隋の滅亡をまねいた第二代目の皇帝として有名な煬帝の生涯とその時代を、生き生きと再現された本篇の内容に関しては、更めて解説をつけ加える必要はあるまい。ただ、「後記」のなかで

近ごろの歴史学は権力者を描くことを回避し、人的関係を蔑視したがる風があるようだが、これは何かの考え違いから出たのであろう。歴史学の最後の目的は、結局、人的関係を究明するに落ちつくであろう。人間の生活とは結局のところ人的関係にほかならぬからである。この人的関係には当然、個人と個人との関係も含まれねばならぬ。その関係の仕方がどのように変遷してきたか、を知るのは歴史学の重大問題でなければならぬ。そして、その一種として帝王を取り上げることは、当然すぎるほど当然な

ことで、何ら回避すべき理由はない。

と述べられている点については、何故わざわざ、このような文章を書かれたのか、と訝しがる方もおられるのではなかろうか。

実は、第二次大戦後から、本篇が書かれた頃にかけての二十年間、日本の歴史学界では社会経済史研究が主流で、人物論を題目に取上げるのは敬遠されがちだったからである。その間の事情は、「時代が人間を動かすのか——人間が時代を動かすのか？　この古くて、いつも新鮮な命題は、時代の転換期に、必ずわたくしたちの前に、立ちはだかる」という池島信平氏の推薦文を裏表紙に印刷し、本書と時を同じくして刊行された堀米庸三『歴史と人間』（NHKブックス、一九六五年）を繙かれれば、納得されることであろう。

著者が人物史を物されたのは、これが初めてではない。そもそも一九二五年に京都大学を巣立たれた際の卒業論文の題目が「南宋末の宰相賈似道」だったし、名著の誉れ高い『雍正帝』（岩波新書、一九五〇年）も上梓されていた。専著こそないものの、王安石については、吉川幸次郎氏によって「現に京都大学で私の同僚でございました宮崎市定教授などは、これはもう王安石の無二の親友のように思います。彼は王安石のことは非常によく調べておりまして、きのう王安石に会ってきたように彼の政策のよさを私に申します」（「杜甫と王安石」『文明の三極』一九七八年、筑摩書房）と紹介されるほどなのであった。宋の王安石と清の雍正帝に対しては、時空をこえた親近感を常に表明される著者は、かれらとは全くの対極に立つ隋の煬帝の伝記を、終始、弾劾の文章で綴られたか、といえば、そうではなく、慎重な史料批判を行なった上で、隋の乱亡の原因には明君とされる父の文帝にも連帯責任があるとの立場にたって、叙述されているのである。

私が京都大学文学部の三回生となって東洋史を専攻しはじめたのは、一九五八年四月のことで、主任教授であられた著者は、学部生に対しては前年度にひきつづく「清代史料」なる二単位の講読のほかに、「隋唐時代の諸問題」と題された四単位の演習を開講されることになり、私は両方とも受講することにした。著者が隋唐時代を対象にした授業をされるのは、この時が初めてだったそうで、どういう内容になるか、諸先輩も見当がつかない、と噂されていた。

当時の受講ノートを取りだしてみると、最初の演習は五月一日で、この日の授業は、「中国では、二十四史の中でも、隋は南北朝の中に入れられ、又、そう考えられている」という言葉で始められ、

趙翼『二十二史劄記』巻十五に、「周隋唐皆出自武川」つまり北周から隋・唐と表面的に王朝の名は代っているが、実質はあまり代っていない。武川鎮の軍閥が、その団

結の力で、逆にいうと、これらの王朝は、こういう軍閥にかつぎ上げられたとも言える。唐の王室は隴西の李氏と名のり、隋の王室は華陰の楊氏と名のり、まるで関連のない家柄のように思われるが同じ穴の狸なのである。

といった文章を読みあげられ、楊堅が即位して隋王朝が出現する過程を略説された。そして最後に

隋という地名が、周の時代から国名であったが、それが残って州の名になり、それが国の名になるが、いま随国の王の楊堅が天子になると、いままで封ぜられていた地名をとって、それを王朝の名にしたのは極めて自然のやり方であるが、この時に、普通に言われているように、隋の文帝は御幣をかついでいるが、この随は「しんにゅう」つまり「辵《はしる》」の字を含んでいるので、それを縁起が悪いとして、隋にしたのだと言われているが、一体そういう説は何に基づいているかというと、確かなことは何処にも書いてない。

と述べられた。順接をあらわす「が」が頻出するのにいささかとまどいながら、ノートを取っていたところ、「いったい、この説は何に基いたのか。いちばん古い所は何であるか。何時ごろから、こういう説が起こったのか。その説は妥当であろうか。」という宿題を出席者に課されて、一二〇分の授業をおえられたのである。

この演習では、その後もしばしば宿題が課された。その宿題の夏休みまでの分の正解が、本書の付篇となった劄記風の論文「隋代史雑考」なのである。私は、それらの宿題に対して、まともな回答を提出できず、恥しい思いの連続であったが、これまでの学界の通念が著者によってつぎつぎと書き換えられるのを目のあたりにして、その醍醐味の虜となってしまった。翌年度の「隋唐時代史の研究」と題する研究（特殊講義）を受講して、ますます隋唐社会に魅せられ、その時代を専攻することになり、今日にいたった次第である。

宮崎市定監修と銘うたれた「中国人物叢書」第一期全十二巻が、人物往来社によって企画され、著者に相談をもちかけられたのは、著者が停年退職される直前のことであった。その当時、吉川弘文館から刊行されて好評を博し、すでに百冊をこえる大叢書となっていた日本史の「人物叢書」に範をとる「中国人物叢書」は、同じ人物往来社で企画された時代史概説のシリーズ「東洋の歴史」全十三巻（著者を筆頭とする四人が監修）と対にして、同時進行で編集が行なわれたのである。

こと中国史に関しては、どの時代の概説でも見事に書ける、と自他ともに許されていた著者は、こういった規模の大きい企画の際には、ほかの執筆予定メンバー諸氏の希望を優先的に考慮し、残された巻を引受けられるのが常であった。「東洋の歴史」で、第九巻『清帝国の繁栄』と第十一巻『中国のめざめ』との二巻分を書き下ろされることになったのも、その結果なのであった。

そして「中国人物叢書」で『隋の煬帝』を担当されることになったのも、多分にそのような配慮が働いた結果なのであるが、この場合には、著者は殊のほか乗り気であった。それというのも、後漢末から隋にいたる中国の国家構造と社会秩序の核心を摘出して、門閥をほこる貴族群が社会の上層部を独占した時代相を鮮やかに浮かびあがらせた『九品官人法の研究――科挙前史――』(一九五六年、東洋史研究会刊)の作成過程で『隋書』と『北史』に親しみ、私が受講した隋代史の演習、つまり「隋代史雑考」の執筆過程で、〝明君である文帝〟と〝暴虐な煬帝〟として対比的に説く通説につよい疑問を抱かれていて、この機会に煬帝の実像を広く読書界に提示しておきたい、と考えられたからである。また第一回配本を進んで引きうけられたのは、監修者としての当然の責務として受業生である私ら後続の執筆者たちにモデルを提供せんとされたからである。

「中国人物叢書」の『隋の煬帝』が刊行されると、いくつかの書評が登場した。安藤更生氏は「文章は平明だし、叙述はわかりやすく、かつ的確で、人間を中心にしてゆく京都大学の学風をよく現わしている好著である。……私は一気に楽しく読み通してしまった」(『サンデー毎日』一九六六年一月二十三日号)と紹介されたし、生田滋氏は「著者の筆は権力に翻弄される平凡な人間の運命を描いてあますところがない。本書の舞台はなんといっても宮廷であり、著者の筆を通じて宮廷内部での骨肉相喰む悲劇が身近なものに感じられる。本書によって一般読者は中国史に対しより親しみを抱くことができよう」（『史学雑誌』七五編三号、一九六六年）と推薦された。

安藤氏と生田氏の読後感が期せずして一致しているように、著者がそれまでに公刊された数多の書物のなかでも、本書の文章はとりわけリズム感にあふれていて、読みやすい。それは、この一九六五年の三月末に満六十三歳で教職を退かれ、はじめて周囲に全く気がねなしに筆を走らせることができるという解放感も手伝って、なるべく多くの読者を興味をもって中国史の世界にひきこまんと、文章に工夫された成果なのであった。つまり、著者はサービス精神がすこぶる旺盛なのである。面白く読ませようと配慮された文章は、本書だけではない。退職後、本書に先立ち、清・藍鼎元著の『鹿洲公案』を訳解されたが（東洋文庫の一冊として『鹿洲公案――清朝地方裁判官の記録』と題して平凡社から出版されたのは一九六七年）、その本篇に「実際にあった話」という副題を添えるとともに、前言として「実際にあってもいい話」という副題を添えた「鹿洲公案　発端」と題する創作を書かれ、木石漢の研究者から面白く書きすぎだ、と非難（?）されるほどの筆力を示しておられたのである。

おわりに書誌的な事項を付記しておこう。本篇の「隋の煬帝」は、元版における写真図版をかなり入れ換え、年表と索引を省かれたかわりに、「九　日出づる国」の節で、新たに千字ばかりの文章が書き足された（一三三頁九行目〜一三五頁三行目）。そこに「日本の古大君主はかつて天王という称号を用いていたというのが私の説であるが」とある著者の説とは、先年「天皇なる称号の由来について」（『思想』一九七八年四月号、岩波書店）で論じられた持説をさしている。

付篇の「隋代史雑考」は、広島大学教授であった浦廉一氏の追悼号（『史学研究』七二号、一九五九年四月）に寄稿されたもので、のち著者の研究論文集『アジア史研究　第五』（一九七八年、同朋舎刊）に再録されている。軽やかな筆致でつづられた本篇が、この付篇のごとき厳密をきわめた文献考証の積重ねによって裏打ちされていることを知って驚嘆される方もおられるであろう。

一九八七年八月

本書は『隋の煬帝』（中国人物叢書4　一九六五年十二月　人物往来社刊）に
「隋代史雑考」（「史学研究」第七二号、一九五九年四月）を加えたものです。

中公文庫

隋《ずい》の煬帝《ようだい》

1987年9月10日　初版発行
2003年3月25日　改版発行
2018年1月25日　改版3刷発行

著　者　宮崎《みやざき》 市定《いちさだ》

発行者　大橋 善光

発行所　中央公論新社
〒100-8152　東京都千代田区大手町1-7-1
電話　販売 03-5299-1730　編集 03-5299-1890
URL http://www.chuko.co.jp/

DTP　ハンズ・ミケ
印　刷　三晃印刷
製　本　小泉製本

Published by CHUOKORON-SHINSHA, INC.
Printed in Japan　ISBN4-12-204185-6 C1123

中公文庫既刊より

各書目の下段の数字はＩＳＢＮコードです。978－4－12が省略してあります。

み-22-18
科　挙　中国の試験地獄　宮崎市定
二万人を収容する南京の貢院に各地の秀才が集ってくる。老人も少なくない。完備しきった制度の裏の悲しみと喜びを描き凄惨な試験地獄の本質を衝く。
204170-7

み-22-4
アジア史概説　宮崎市定
東西アジア、インド、日本等の異質文明が交通という紐帯によって結び、競いかつ補いあいながら発展したアジアの歴史を解明する。〈解説〉礪波　護
201401-5

み-22-7
大唐帝国　中国の中世　宮崎市定
暗黒の中世に東アジア諸民族の政治・文化の根幹を築いた唐王朝。中国中世七百年に及ぶ誕生から滅亡までを詳述する、中世史の労作。〈解説〉礪波　護
201546-3

み-22-11
雍《よう》正《せい》帝《てい》　中国の独裁君主　宮崎市定
康熙帝の治政を承け中国の独裁政治の完成者となった雍正帝。その生き方から問う、東洋的専制君主とは？「雍正硃批諭旨解題」併録。〈解説〉礪波　護
202602-5

み-22-21
中国史の名君と宰相　宮崎市定　礪波　護編
始皇帝、雍正帝、李斯……激動の歴史の中で光彩を放った君臣の魅力・功罪・時代背景等を東洋史研究の泰斗が独自の視点で描き出す。〈解説〉礪波　護
205570-4

み-22-22
水滸伝　虚構のなかの史実　宮崎市定
史書に散見する宋江と三十六人の仲間たちの反乱は、いかにして一〇八人の豪傑が活躍する痛快無比な伝奇小説『水滸伝』となったのか？〈解説〉礪波　護
206389-1

S-16-9
中国文明の歴史9　清帝国の繁栄　宮崎市定責任編集
十八世紀は比類ない繁栄をもたらした清王朝の黄金時代であった。しかし盛者必衰の法則にもれず、やがて没落と衰亡の前兆が……。〈解説〉礪波　護
203737-3

S-16-11
中国文明の歴史11 中国のめざめ
宮崎市定 責任編集
清朝の三百年の統治は遂に破綻をきたし、この腐敗混迷を救うべく孫文が立ちあがる。かくして辛亥革命は成功し、北伐がはじまる。〈解説〉礪波　護
203763-2

み-16-2
宦《かん》官《がん》 側近政治の構造
三田村泰助
去勢された男子で宮廷に仕えたものを宦官という。活動範囲は地中海からアジアに及ぶが、特に中国で権力を操った、驚くべき実像を鮮やかに描く名著。
204186-8

ま-5-4
孫子
町田三郎 訳
古代中国最高の戦略家孫子の思想は、兵書の域を超えた究極の戦略論として現代に読み継がれている。リーダーシップの極意が、この中には満ちている。
203940-7

い-25-4
東洋哲学覚書 意識の形而上学 『大乗起信論』の哲学
井筒俊彦
六世紀以後の仏教思想史の流れをかえた『起信論』を東洋的哲学全体の共時論的構造化の為のテクストとして現代的視座から捉え直す。〈解説〉池田晶子
203902-5

い-25-6
イスラーム生誕
井筒俊彦
現代においてもなお宗教的・軍事的一大勢力であり続けるイスラームとは何か。コーランの意味論的分析から、イスラーム教の端緒と本質に挑んだ独創的研究。
204223-0

い-25-5
イスラーム思想史
井筒俊彦
何がコーランの思想を生んだのか——思弁神学、神秘主義、スコラ神学と、三大思想潮流とわかれて発展していく初期イスラム思想を解明する。〈解説〉牧野信也
204479-1

か-3-1
論語
貝塚茂樹 訳注
幼少より論語に親しんできた訳者が、中国古代史家としての豊かな学殖と詩才を駆使して完訳し、注解を加えた現代人のための論語。原文、読下し付き。
200018-6

き-15-12
食は広州に在り
邱永漢
美食の精華は中国料理、そのメッカは広州である。広州美人を娶り、自ら包丁を手に執る著者が、蘊蓄を傾けて語る中国的美味求真。〈解説〉丸谷才一
202692-6

各書目の下段の数字はISBNコードです。978－4－12が省略してあります。

し-6-22
古代日本と朝鮮 座談会
司馬遼太郎
上田正昭 編
金達寿
日本列島に渡来した古来・今来の朝鮮の人々は在来文化に新しい文化と技術を混入していった。東アジアの大流動時代の日本と朝鮮の交流の密度を探る。
200934-9

し-6-23
日本の渡来文化 座談会
司馬遼太郎
上田正昭 編
金達寿
文化の伝播には人間の交渉がある。朝鮮半島からいくたびも渡来してきた人々の実存を確かめ、そのいぶきにふれることにより渡来文化の重みを考える。
200960-8

し-6-27
韃靼《だったん》疾風録（上）
司馬遼太郎
九州平戸島に漂着した韃靼公主を送って、謎多いその故国に赴く平戸武士桂庄助の前途に待ちかまえていたものは。東アジアの海陸に展開される雄大なロマン。
201771-9

し-6-28
韃靼疾風録（下）
司馬遼太郎
文明が衰退した明とそれに挑戦する女真との間に激しい攻防戦が始まった。韃靼公主アビアと平戸武士桂庄助を軸にした壮大な歴史ロマン。大佛次郎賞受賞作。
201772-6

し-6-32
空海の風景（上）
司馬遼太郎
平安の巨人空海の思想と生涯、その時代風景を照射し、日本が生んだ人類普遍の天才の実像に迫る。構想十余年、司馬文学の記念碑的大作。芸術院恩賜賞受賞。
202076-4

し-6-33
空海の風景（下）
司馬遼太郎
大陸文明と日本文明の結びつきを達成した空海は哲学宗教文学教育、医療施薬、土木灌漑建築と八面六臂の活躍を続ける。その死の秘密もふくめ描く完結篇。
202077-1

し-6-36
風塵抄《ふうじんしょう》
司馬遼太郎
一九八六年から九一年まで、身近な話題とともに土地問題、解体したソ連の問題等、激しく動く現代世界と人間を省察。世間ばなしの中に「恒心」を語る珠玉随想集。
202111-2

し-6-45
長安から北京へ
司馬遼太郎
万暦帝の地下宮殿で、延安往還、洛陽の穴、北京の人々……。一九七五年、文化大革命直後の中国を訪ね、その巨大な過去と現在を見すえて文明の将来を思索。
202639-1

し-6-56
風塵抄（二）
司馬遼太郎
一九九一年から九六年二月十二日付まで、現代社会を鋭く省察。二一世紀への痛切な思いと人びとの在りようを訴える。「司馬さんの手紙」（福島靖夫）併載。
203570-6

し-6-61
司馬遼太郎
歴史のなかの邂逅1
空海～斎藤道三
司馬遼太郎
その人の生の輝きが時代の扉を押しあけた——。歴史上の人物の魅力を発掘したエッセイを古代から時代順に集大成。第一巻には司馬文学の奥行きを堪能させる二十七篇を収録。
205368-7

し-6-62
司馬遼太郎
歴史のなかの邂逅2
織田信長～豊臣秀吉
司馬遼太郎
人間の魅力とは何か——。織田信長、豊臣秀吉、古田織部など、室町末期から戦国時代を生きた男女の横顔を描き出す人物エッセイ二十三篇。
205376-2

し-6-63
司馬遼太郎
歴史のなかの邂逅3
徳川家康～高田屋嘉兵衛
司馬遼太郎
徳川家康、石田三成ら関ヶ原前後の諸大名の生き様や、徳川時代に爆発的な繁栄をみせた江戸の人間模様など、歴史のなかの群像を論じた人物エッセイ。
205395-3

し-6-64
司馬遼太郎
歴史のなかの邂逅4
勝海舟～新選組
司馬遼太郎
第四巻は動乱の幕末を舞台に、新選組や河井継之助、緒方洪庵、勝海舟など、白熱する歴史のなかの群像を論じた人物エッセイ二十六篇を収録。
205412-7

し-6-65
司馬遼太郎
歴史のなかの邂逅5
坂本竜馬～吉田松陰
司馬遼太郎
吉田松陰、坂本竜馬、西郷隆盛ら変革期を生きた人々の様々な運命。『竜馬がゆく』など幕末維新をテーマに数々の傑作長編が生まれた背景を伝える二十二篇。
205429-5

し-6-66
司馬遼太郎
歴史のなかの邂逅6
村田蔵六～西郷隆盛
司馬遼太郎
西郷隆盛、岩倉具視、大久保利通、江藤新平など、明治維新という日本史上最大のドラマをつくりあげた立役者たち。時代を駆け抜けた彼らの横顔を伝える二十一篇を収録。
205438-7

し-6-67
司馬遼太郎
歴史のなかの邂逅7
正岡子規～秋山好古・真之
司馬遼太郎
傑作『坂の上の雲』に描かれた正岡子規、秋山兄弟をはじめ、日本の前途を信じた明治期の若者たちの、底ぬけの明るさと痛々しさと——。人物エッセイ二十二篇。
205455-4

各書目の下段の数字はISBNコードです。978－4－12が省略してあります。

し-6-68
司馬遼太郎
歴史のなかの邂逅8
ある明治の庶民
司馬遼太郎
歴史上の人物の魅力を発掘したエッセイの集大成、全八巻ここに完結。最終巻には明治期の日本人から祖父・福田惣八、ゴッホや八大山人まで十七篇を収録。
205464-6

た-13-5
十三妹《シイサンメイ》
武田泰淳
強くて美貌でしっかり者。女賊として名を轟かせた十三妹は、良家の奥方に落ち着いたはずだったが……中国古典に取材した痛快新聞小説。〈解説〉田中芳樹
204020-5

た-13-1
富士
武田泰淳
悠揚たる富士に見おろされた精神病院を題材に、人間の狂気と正常の謎にいどみ、深い人間哲学をくりひろげる武田文学の最高傑作。〈解説〉斎藤茂太
200021-6

た-13-3
目まいのする散歩
武田泰淳
近隣への散歩、ソビエトへの散歩が、いつしか時空を超えて読む者の胸中深く入りこみ、生の本質と意味を明かす野間文芸賞受賞作。〈解説〉後藤明生
200534-1

た-13-6
ニセ札つかいの手記
武田泰淳異色短篇集
武田泰淳
表題作のほか「白昼の通り魔」「空間の犯罪」など、独特のユーモアと視覚に支えられた七作を収録。戦後文学の旗手、再発見につながる短篇集。
205683-1

た-13-7
淫女と豪傑
武田泰淳中国小説集
武田泰淳
中国古典への耽溺、大陸風景への深い愛着から生まれた、血と官能に満ちた淫女・豪傑の物語。評論一篇を含む九作を収録。〈解説〉高崎俊夫
205744-9

た-57-1
中国武将列伝（上）
田中芳樹
群雄割拠の春秋戦国から、統一なった秦・漢、世界帝国を築いた唐——国を護り民に慕われた将たちの評伝で綴る、人間味あふれる歴史物語。
203547-8

た-57-2
中国武将列伝（下）
田中芳樹
大唐世界帝国の隆盛。北方異民族に抗し英雄続出する宋。そして落日の紫禁城・清——中国史の後半を、国を護り民に慕われた名将たちの評伝で綴る。
203565-2

ち-3-8
江《こう》は流れず　小説日清戦争（上）
陳舜臣
朝鮮をめぐり風雲急をつげる日中関係。中国の袁世凱、朝鮮の金玉均、日本の竹添進一郎など多様な人物と民衆の動きを中心に戦争前夜をダイナミックに描く。
201143-4

ち-3-9
江は流れず　小説日清戦争（中）
陳舜臣
開戦はすでに計画表に書き込まれた。朝鮮全土に東学党の乱が燃え上がり、遂に日本と清は朝鮮に出兵する。戦争への緊迫の過程を精細に描く。
201153-3

ち-3-10
江は流れず　小説日清戦争（下）
陳舜臣
黄海の海戦、鴨緑江を越え遼東半島に展開する陸戦の激烈な戦いから、列強の干渉を招く講和までを描く。歴史大作、堂々の完結！〈解説〉奈良本辰也
201162-5

ち-3-11
弥《び》縫《ほう》録《ろく》　中国名言集
陳舜臣
「弥縫」にはじまり「有終の美」にいたる一〇四の身近な名言・名句の本来の意味を開示する。ことばと人間の叡知を知る楽しさがあふれる珠玉の文集。
201363-6

ち-3-13
実録 アヘン戦争
陳舜臣
東アジアの全近代史に激甚な衝撃を及ぼした戦争と人間。その全像を巨細に活写し、読む面白さ溢れる名歴史書に「それからの林則徐」を付した決定版。
201207-3

ち-3-18
諸葛孔明（上）
陳舜臣
後漢衰微後の群雄争覇の乱世に一人の青年が時を待っていた……。透徹した史眼、雄渾の筆致が捉えた孔明の新しい魅力と「三国志」の壮大な世界。
202035-1

ち-3-19
諸葛孔明（下）
陳舜臣
関羽、張飛が非業の死を遂げ、主君劉備も逝き、蜀の危急存亡のとき、丞相孔明は魏の統一を阻止するため軍を率い、五丈原に陣を布く。〈解説〉稲畑耕一郎
202051-1

ち-3-20
中国傑物伝
陳舜臣
詩才溢れる三国志の英雄曹操、宦官にして大航海の偉業を達成した明の鄭和……。中国史に強烈な個性の光芒を放つ十六人の生の軌跡。〈解説〉井波律子
202130-3

各書目の下段の数字はＩＳＢＮコードです。978－4－12が省略してあります。

ち-3-26
鄭成功 旋風に告げよ（上）
陳舜臣
福建の海商の頭目鄭芝竜を父に、日本女性を母にしてうまれた鄭成功。唐王隆武帝を奉じて父とともに反清勢力を率いることになった若き英雄の運命は。
203436-5

ち-3-27
鄭成功 旋風に告げよ（下）
陳舜臣
父芝竜は形勢の不利をさとり清朝に投降するが、鄭成功はなおも抗清の志を曲げない。貿易による潤沢な資金を背景に強力な水軍を統率し南京へ向かう。
203437-2

ち-3-31
曹操（上）魏の曹一族
陳舜臣
縦横の機略、非情なまでの現実主義、卓抜な人材登用。群雄争覇の乱世に躍り出た英雄の生涯に〈家〉の視点から新しい光を当てた歴史長篇。
203792-2

ち-3-32
曹操（下）魏の曹一族
陳舜臣
打ち続く兵乱、疲弊する民衆。乱世に新しい秩序を打ち立てようとした超世の傑物は「天下なお未だ安定せず」の言葉を遺して逝った。〈解説〉加藤徹
203793-9

ち-3-42
曹操残夢 魏の曹一族
陳舜臣
文帝となった曹丕と詩人として名高い曹植の兄弟、そしてその子孫たちが辿る運命は——。曹家の興起と滅亡を描く壮大な叙事詩の完結篇。〈解説〉加藤徹
205022-8

み-36-7
草原の風（上）
宮城谷昌光
三国時代よりさかのぼること二百年。劉邦の子孫にして、勇武の将軍、古代中国の精華・後漢王朝を打ち立てた光武帝・劉秀の若き日々を鮮やかに描く。
205839-2

み-36-8
草原の風（中）
宮城谷昌光
三国時代に比肩する群雄割拠の時代、天下に乱立する英傑と鮮やかな戦いを重ね、天下統一へ地歩を固める劉秀。天性の将軍・光武帝の躍動の日々を描く！
205852-1

み-36-9
草原の風（下）
宮城谷昌光
いよいよ天子として立つ劉秀。その磁力に引き寄せられるように、多くの武将、知将が集結する。光武帝の後漢建国の物語、堂々完結！〈解説〉湯川豊
205860-6